기후 변화를 둘러싼 가짜 뉴스 10가지

Original title: 10 IDÉES SUR REÇUES LE CLIMAT
by MYRIAM DAHMAN, CHARLOTTE-FLEUR CRISTOFARI, MAURÈEN POIGNONEC

Copyright ⓒ Éditions Glénat, 2021
All Rights Reserved.
Korean translation ⓒ Dourei Publication Co., 2023.
Korean translation rights arranged with Éditions Glénat through Orange Agency.

이 책의 한국어판 저작권은 오렌지 에이전시를 통해 Éditions Glénat와 독점 계약한 두레출판사가 갖고 있습니다.
저작권법에 의하여 한국 내에서 보호를 받는 저작물이므로 무단 전재와 복제를 금합니다.

기후 변화를 둘러싼 가짜 뉴스 10가지

미리앙 다망, 샤를로트-플뢰르 크리스토파리 지음

모레앙 푸아뇨네 삽화

정미애 옮김

두레아이들

들어가는 말

프랑스 여론조사 기관 오피니언웨이가 실시한 설문조사에 따르면, 성인(18세에서 35세까지) 4명 중 1명은 기후 변화를 믿지 않는다고 해요. 잘못된 편견과 무지 때문에 사람들은 기후 변화 문제를 해결하기 위한 실천에 나서지 않아요.

인터넷에 떠도는 가짜 뉴스들이 이러한 편견과 무지를 만들어 내지요. 게다가 기후 변화에 관한 정보가 워낙 까다롭고 복잡해서 이해하려고 애써 노력하지 않고, 일상에서도 환경 문제를 자주 다루지 않기에 잘못된 편견에서 벗어나는 일은 생각만큼 쉽지 않아요. 이 책은 이러한 부족한 점들을 하나하나 채워 나가고 있어요.

인간 스스로가 인류의 종말을 향해 나아가고 있다는 사실을 깨닫는 건 생각만 해도 끔찍한 일이긴 하지만, 아는 것이 힘이랍니다. 알아야 이해할 수 있고, 이해해야 실천할 수 있어요.

기후 변화 문제는 단순히 환경 문제일 뿐만 아니라 경제적·사회적 약자를 배려해야 하는 사회 정의의 문제이기도 해요. 따라서 기후 정의와 사회 정의의 연관성에 대해 알아본다는 것은 기후 회의론자들이 퍼트리는 **'가짜 뉴스'**를 깨트리는 것뿐만 아니라 환경정책 결정자들이 주장하는 가짜 뉴스까지 바로잡는 걸 의미해요.

이 책은 이런 이유로 생각보다 훨씬 더 정치적이라고 할 수 있어요. 여기서 '정치적'이라는 말은 본래의 어원인 폴리스[불어로는 '폴리티크(Politique)'], 즉 '정치 공동체'의 의미로 사용되었지요. 왜냐하면 지구 온난화로 인하여 자연 생태계의 질서가 파괴된다면 인류 공동체의 생명과 미래도 위협받을 수 있다는 걸 경고하면서, 우리 세대가 더 늦기 전에 지구 기온 상승폭을 1.5도 이내로 억제해야만 한다는 걸 호소하고 있으니까요. 이 책은 독자 여러분이 우리가 살아가는 세계를 비판적 사고를 가지고 제대로 바라볼 수 있도록 기후 변화에 관한 가짜 뉴스들을 10개의 주제로 나누어 설명하고 있답니다. 어쩌면 이 짐이 너무 버겁게 느껴질 수도 있어요. 그러나 우리 모두 함께 나누어 짊어져야 할 짐이며, 여러분이라면 충분히 해낼 수 있을 거라고 믿어요.

이 책이 하루라도 빨리 세상에 나오길 기다렸어요. 많은 시간을 들여 활동하고 있는 환경보호 운동에 도움을 받을 수 있을 거라 생각했으니까요. 이 책을 꼼꼼하게 읽고 나니 더 이상 시간을 낭비하지 않을 수 있을 것 같습니다.

카미유 에티엔

차례

● 들어가는 말 4

가짜 뉴스 1 지구 온난화, 그런 건 없어! 6

가짜 뉴스 2 2도 오른다고 달라지는 건 없어! 22

가짜 뉴스 3 2100년에 일어날 일인데 무슨 걱정이람! 32

가짜 뉴스 4 모두 다, 다른 사람들 탓이야! 42

가짜 뉴스 5 북극곰한테는 슬픈 일이지만, 우리 생활이 달라지는 건 없어! 52

가짜 뉴스 6 그래 보았자 아무 소용없어. 있는 그대로 받아들여! 66

가짜 뉴스 7 기술 혁신이 우리를 구원할 거야! 74

가짜뉴스 8 기후 위기는 부자들의 문제야! 84

가짜 뉴스 9 우리는 모두 조금씩은 환경보호주의자들이니까, 괜찮아! 92

가짜 뉴스 10 선택의 여지 따위는 없어! 108

● 참고문헌 118   ● 감사하는 말 123

가짜 뉴스 1

지구 온난화, 그런 건 없어!

날씨란 그날그날의 기상 상태를 말해요. 날씨는 시간과 지역에 따라 얼마든지 달라질 수 있어요.

기후는 일정한 지역에서 적어도 30년 이상, 여러 해에 걸쳐 나타난 평균적인 날씨 상태를 말해요.

날씨가 그때그때의 기분이라면 기후는 개인의 성격이라고 할 수 있지요. 팀을 예로 들면 다음과 같아요.

팀은 차분하고 내성적이에요.

차분하고 느긋한 팀도 때때로 화를 참지 못하고 터트릴 때가 있어요.

기후도 이와 마찬가지예요. **오늘 하루** 날씨가 춥고 눈이 왔다고, **지구 온난화가 없는 게 아니에요.** 지구의 **평균 기온**이 오른다고 지구의 **모든 지역**에서 날마다 **날씨**가 늘 더운 건 아니지요. 예년에 비해 추운 날은 줄어들고 더운 날은 늘어나며, 폭염도 더 자주 있을 거라는 뜻이에요.

프랑스의 경우, 1월이 8월보다 당연히 춥지만 지난 100년간, 1월의 평균 기온은 1.3도 상승했어요(환경부의 『2021 환경백서』에 따르면, 대한민국의 연평균 기온은 지난 106년간 약 1.8도 상승했는데, 이는 전 지구 평균 온난화 속도보다 빠른 수치라고 해요—옮긴이).

==따라서== 기후 변화 현상을 제대로 이해하려면 지구의 기후 시스템이 어떻게 작동하는지 알아야 해요.

음, 온실효과라는 말을 수없이 들어 봤을 거예요. 그래도 중요한 점들을 다시 한번 설명해 줄게요.

태양 빛이 지구에 닿으면 구름과 빙하에 의해 반사되어 그중 일부는 우주 공간으로 되돌아가고, 나머지는 바다와 대지에 흡수되어요.

지구는 바다와 대지에 흡수되었던 열을 다시 대기 중으로 방출해요. 대기 중으로 방출한 열 가운데 일부는 다시 우주로 빠져나가고 나머지는 온실가스 때문에 지구의 대기에 갇히게 되지요.

> 온실가스는 지구 대기 기체를 구성하는 물질을 나타내는 말로 그 자체가 나쁜 건 아니에요..

자연 상태의 온실가스는 차가운 지구를 이불로 감싸고 있는 것 같은 효과가 있어서 동식물이 살기에 적당한 평균 온도를 유지해 주어요. 이 가스가 없다면 지구의 평균 기온은 지금처럼 영상 15도가 아니라 영하 18도로 뚝 떨어질 거예요. 그러면 지구 전체가 얼어붙어 동식물이 살 수 없겠지요.

문제는 인간 활동으로 인해 증가한 온실가스예요. 자연적으로 존재하는 온실가스에다 인간이 배출한 온실가스가 **보태져** 지구의 기후 시스템이 불안정하게 되기 때문이에요.

마치 이미 이불을 덮고 있는데, 그 위에 두꺼운 솜이불을 또 뒤집어쓰는 것처럼 말이에요.

게다가 온실가스라고 할 때 우리는 흔히 이산화탄소(CO_2)를 떠올리는데, 꼭 그것만 있는 건 아니에요.

인간이 배출하는 온실가스

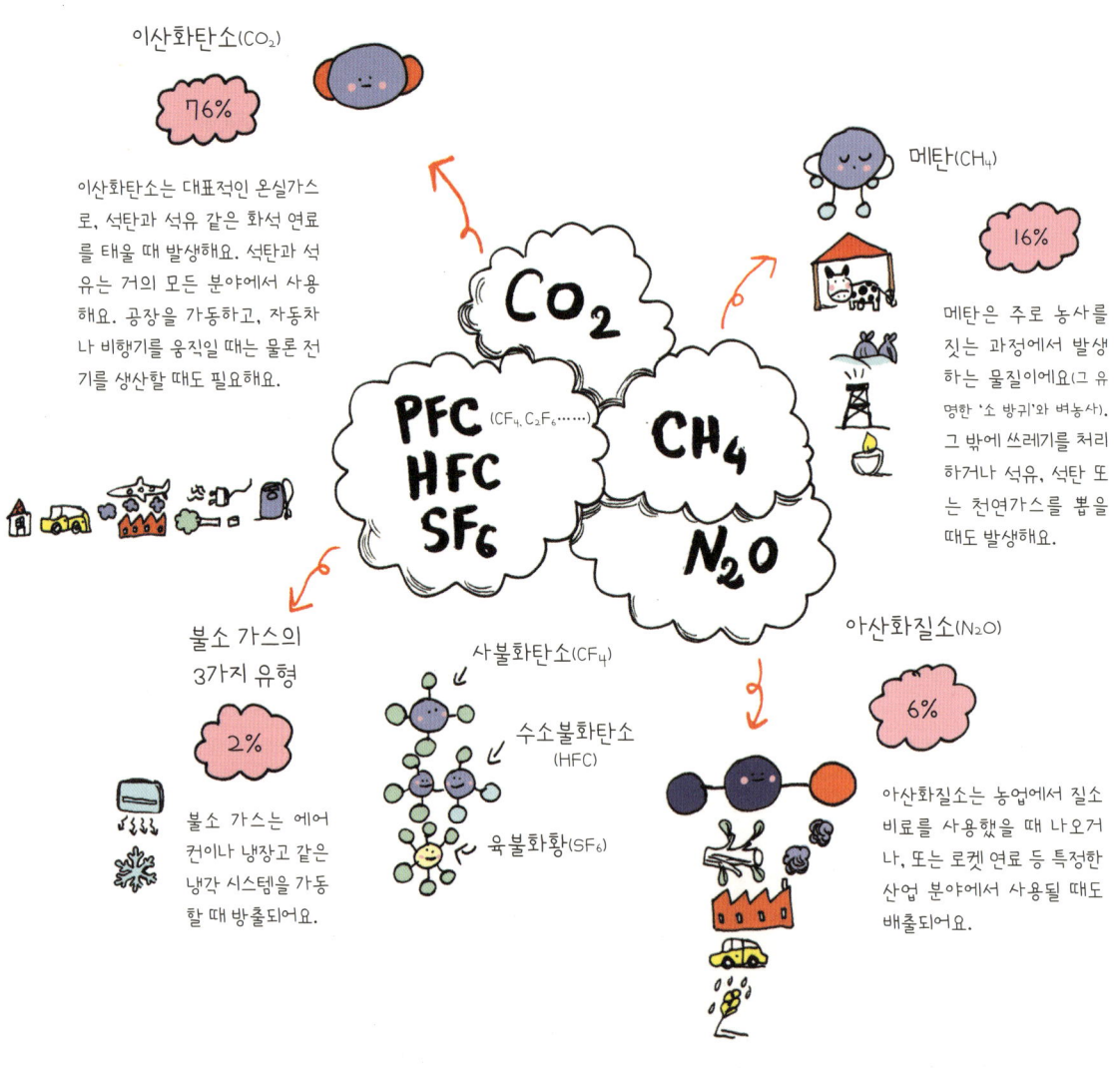

자료 출처: IPCC(기후 변화에 관한 정부간 협의체)

최근 들어 이러한 온실가스들이 비정상적으로 증가하고 있는데, 이는 **킬링 곡선**에서 확인할 수 있어요.

1958년, 찰스 데이비드 킬링*이라는 미국 과학자가 지구 대기 중의 이산화탄소의 농도를 측정하기 위해 하와이의 마우나로아 관측소로 가요.

* 킬링 박사님을 갈색 판다로 변신시켜 소개해 볼게요. 박사님의 품위는 손상하지 않으면서 좀 더 재미있게 설명하려고요.

관찰한 결과, 박사님은 대기 중 이산화탄소 농도가 해마다 증가한다는 사실을 알게 되었어요. 한편, 다른 과학자들은 이산화탄소 농도를 예전의 기후와 비교하고, 북극 빙하 당근 속에 압축된 오래된 기포 양을 분석했어요. 그 결과, 대기 중 이산화탄소의 평균 농도가 지난 수천 년 동안 지금보다 훨씬 낮은 190ppm~300ppm(공기분자 1백만 개에 들어 있는 탄소분자 함유량) 사이를 오갔다고 해요.

* 실제로 빙하 당근은 원기둥 모양이에요.
  오른쪽 그림은 빙하 만년설에서 꺼낸 표본이에요.

19세기 말에 산업 혁명을 기점으로 화석 연료를 사용하면서 이산화탄소의 평균 농도가 가파르게 증가했어요. 오늘날 대기 중 이산화탄소의 농도는 **400ppm**을 넘어 사상 최고치를 기록했어요.

이게 우연이라고? 그건 아니지!

이산화탄소 농도는 이렇듯 1만 년 전, 아니 그보다 한참 전에 비해서도 비정상적으로 폭발했어요. 그런데 이는 **인류가 처음 등장한 200만 년 전부터 지금까지** 가장 높은 수치예요.

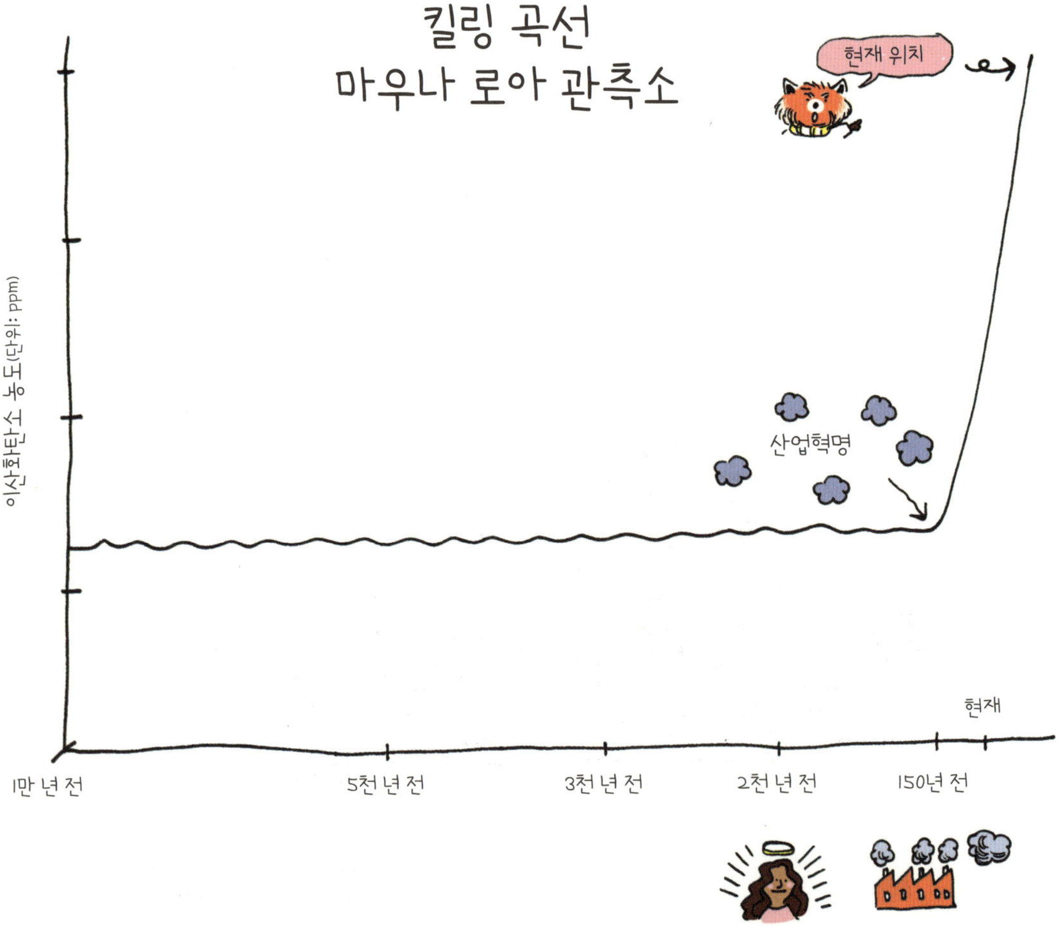

킬링 곡선
마우나 로아 관측소

현재 위치

이산화탄소 농도 (단위: ppm)

산업혁명

현재

1만 년 전   5천 년 전   3천 년 전   2천 년 전   150년 전

그 결과, 지구 기온이 상승했어요.
최근 150년 동안 **지구의 평균 기온은 이미 1.1도나 올랐어요.** 상승 속도도 점점 빨라지고요. 1910년부터 1940년까지 30년 동안 0.35도 올랐는데, 1970년부터 지금까지 50년 동안 0.55도나 상승했어요.

독자 여러분이 잘 알고 있는 약 2억 5200만 년 전의 페름기 말에 일어난 대멸종에 대해서는 정말 할 말이 없어. 그 당시 지구에 살던 종의 90%가 멸종되고, 바다의 온도가 8도 이상 올라가면서 유독성 기포들이 대량 방출되고……. 그건 정말 내 젊은 날의 실수였어.

그러나 이번의 지구 온난화는 내 잘못이 아니야. 기후 시스템에서 소행성의 충돌, 태양의 복사 레벨 등 태양계 활동과, 화산 폭발 같은 자연 현상만으로는 기온이 이렇게까지 달라지지 않아. 오늘날의 지구 온난화 현상은 인간이 방출한 온실가스로밖에는 설명할 방법이 없지.

자, 오늘은 이 정도로 끝낼게. 오늘 영상이 마음에 들었다면 '좋아요'와 '구독'을 꼭 눌러 주길 바랄게.

사실, 최근 우리가 겪는 급격한 기후 변화는 예전과는 성격이 완전히 달라요. 온실가스 양의 비정상적인 증가도 문제지만 지구가 따뜻해지는 상승 속도도 큰 문제예요.

현재 지구의 나이는 약 45억 살이에요. 여러분이 이해하기 쉽게 지구 나이를 4.5살이라고 가정해 볼게요. 그러면 마지막 온난화 주기는 **약 1시간**(10만 년) **동안** 지속한 셈이에요.

그런데 지금 우리가 겪는 지구 온난화는 불과 **5초**(150년) 사이에 벌어진 일이에요.

과학자들은 인간이 활동하면서 발생한 온실가스를 지구 온난화의 주요 원인으로 꼽고 있어요. 모든 게 우리 인간의 책임이라는 거지요.

그러나 그 의견에 과학자들이 모두 동의하는 건 아니잖아요.

음……? 그렇지 않아요. 오늘날에는 거의 모든 기후학자들이 지구 온난화의 책임은 오롯이 인간에게 있다는 데 동의하고 있어요.

2004년에 하버드 대학교의 과학사학자인 나오미 오레스케스가 지구 온난화 관련 논문 928편을 분석했어요. 그랬더니 **과학자 중 97%가 지구 온난화가 인간 활동 때문이라는 사실에 동의하는 것으로 밝혀졌어요.** 그 이후에 발표된 연구 논문들도 91%에서 100%까지 비슷한 결론을 예측했어요.

> 문제는 언론 매체에 발표되는 내용만으로는 우리가 이러한 사실들을 알기에는 부족하다는 거예요.

> 좀 더 공정한 토론을 위해 각 진영의 대표 한 분씩만을 초대합니다.

기후 변화는 인간 활동 때문이다!

기후 변화는 존재하지 않는다!

물론 **과학자의 97%가 동의하는 것과 과학자의 100%가 동의하는 건** 달라요. 그러나 과학자의 세계에서 이런 합의는 자연스러운 현상이에요. 생물학자 가운데는 진화론을 부정하는 사람들도 있고, 암 전문의 중에는 담배가 발암 물질이 아니라고 말하는 이들도 있어요. 그러나 이들이 다른 주장을 한다고 해서 진화론과 담배가 발암 물질이라는 사실이 달라지는 건 아니죠. 일부 전문가들이 다른 의견을 낸다고 해서 이미 결론이 난 이론이 과학적으로 틀렸다는 의미는 아니에요. 오늘날 대부분의 기후학자들은 지구 온난화의 주범이 인간 활동이라는 것을 '명백한 사실'로 받아들이고 있어요.

인터넷에서 떠돌아다니는 가짜 뉴스나 잘못된 이론들을 그대로 믿으면 안 돼요.

오, 세상에나!

다들 속고 있는 거야! 지구는 평평하다고!

렙틸리언(파충류인간)들이 우리를 조종하는 열 가지 방법. 열한 번째 방법을 들으면 기절할걸!

지구 온난화는 중국 애들이 만들어 낸 개념이야. 위스콘신 대학에서 발표한 이 연구 결과를 보라고!

이걸 먹으면 안 낫는 병이 없다니까요. 게다가 당신 통장으로 돈까지 쏟아져 들어올 거예요.

그래서 정보의 출처가 어디인지가 매우 중요해요. 예컨대 IPCC의 연구 결과라면 믿을 수 있겠지요.

아하! 그런데 IPCC가 뭐예요? 어떻게 신뢰할 수 있죠?

IPCC에는 어떤 사람들이 있고, 무슨 일을 하고, 어디서 정보를 가져오나요?

IPCC는 '기후 변화에 관한 정부간 협의체(Intergovernmental Panel on Climate Change)'예요. 유엔 회원국 대부분이 가입되어 있고, 1888년에 설립된 IPCC 사무국에는 전 세계의 과학자들과 다양한 분야의 전문가들이 모여 활동하고 있어요.

IPCC는 연구실이 아니에요. 다시 말해 IPCC는 새로운 사실을 찾아내려고 노력하는 게 아니라 세계 여러 나라에서 이미 발표된 연구 논문들을 한데 모아서 총괄하는 곳이에요. 따라서 어떤 과학자가 기후 변화와 인간 활동의 인과관계에 대하여 의문을 제기할 경우, 그의 연구 결과 역시 고려 대상이 되어야 해요. 물론 **철저한 심사 절차를 거쳐 발표된 연구 논문**이라야 하지요. 근거도 없는 가짜 뉴스를 퍼뜨리는 블로그를 고려 대상으로 삼을 순 없지요.

IPCC에서 발표되는 보고서는 분야마다 **저자 수십 명**이 공동으로 작업하고, 모든 보고서 역시 전문가 **수백 명**이 참여하고, 이후에 **수천 명**이 검토를 마친 다음에 **수만 명**이 의견을 첨부해요.

20

이 협의체에는 기후학자만 있는 건 아니에요. 물리학자, 화학자, 생물학자뿐만 아니라 경제학자와 사회학자들도 참여해요.

기후학자 　 물리학자 　 화학자 　 생물학자 　 경제학자 　 사회학자

간단히 말하면, IPCC가 제출하는 최종 보고서에는 특정인 한 사람의 의견이 아니라 **195개 회원국의 승인**을 거친 **전문가 수천 명의 의견**이 담겨 있는 거예요. 그야말로 전 세계의 전문가들이 다 모인 셈이지요.

가짜 뉴스 2

2도 오른다고 달라지는 건 없어!

그러나 지구의 평균 기온이 2도 오른다는 건……

그럼, 정말 더 더워지나요? 그렇게 되면 심각한가요?

지구의 온도는 이미 오르고 있고, 앞으로도 계속 오를 거예요. 물론 전 세계 모든 곳의 상황이 다 똑같은 건 아니에요. 심각한 정도가 지역에 따라 다르게 나타나긴 해요.

지역별 차이의 예를 들면, 지구의 평균 기온이 2도 상승하면 북극은 5도 오르고, 세계의 주요 대도시들은 8도 이상 오를 거예요. 아스팔트와 콘크리트, 빌딩 숲으로 뒤덮인 대도시는 태양열을 반사하지 못하고 흡수하게 되는 열섬현상으로 인해 그야말로 용광로처럼 뜨거워지기 때문이지요.

불행하게도 현재 우리는 방향을 제대로 못 잡고 있어요. 모든 나라가 이산화탄소를 감축하기 위한 노력을 하지 않는다면 21세기 말에는 지구의 평균 기온이 4도, 심지어 8도까지 상승할 수 있어요.

솔직히 평균 기온이 2도 오르는 것도 엄청나지요. 지구 차원에서는 0.5도의 상승만으로도 수많은 변화가 생길 테니까요.

날씨가 더워지는 것도 문제지만, 진짜 심각한 건 인류가 감당하기 힘든 기상 이변이 계속 벌어진다는 거예요.

구체적으로 어떤 기상 이변 말인가요?

주의 사항

독자 여러분께 알립니다!

지금부터 소개하는 이상 기후들은 여러분들에게 불쾌한 감정을 줄 수 있어요. 예를 들면, 어지럼증, 공허감, 가벼운 불안증, 무능한 정부에 대한 상실감, 일시적 우울증 같은 느낌들 말이에요. 이 설명은 일반 성인과 몸무게가 32kg 이상인 어린이에게 알려 드리는 거예요. 알려 주는 정보가 너무 많거나 위에 말한 증상들이 계속해서 나타나면 당장 읽는 걸 멈추고 여러분 주위에 있는 기후학자를 찾아가세요. 여러분의 빠른 회복을 위해 이 장의 마지막에 새끼 고양이 한 마리를 보내드립니다.

날이 갈수록 폭염이 더욱 심해질 거예요!

특히 세계 인구의 40%를 차지하는 아시아와 아프리카의 열대 기후 지역 국가들은 사람들이 살아가기 힘들 만큼 더워질 거예요. 유럽의 여름도 찌는 듯한 폭염이 5월에서 10월까지 6개월 넘게 계속되고, 점점 더 잦아질 거예요.

비가 내리는 시기도 달라질 거예요!

프랑스 남부는 물론 벨기에와 독일에서는 집중호우로 인한 홍수 피해가 잦아지고, 북아메리카 추운 지역의 강수량은 증가할 거예요. 이와 달리, 지중해 주변 국가와 아프리카, 호주 지역에는 비가 덜 내려서 가뭄에 시달릴 거예요.

가뭄과 물 부족에 시달리게 될 거예요!

지구의 평균 온도가 1.5도 오르면 전 세계 약 2억 5천만 명이 물 부족에 시달리게 될 거예요. 만약 2도 오르면 피해 인구는 그 두 배가 넘을 거고요.

건조한 기후 때문에 세계 곳곳에서는 산불이 점점 잦아질 거예요.

감당하기 어려운 산불로 인한 피해

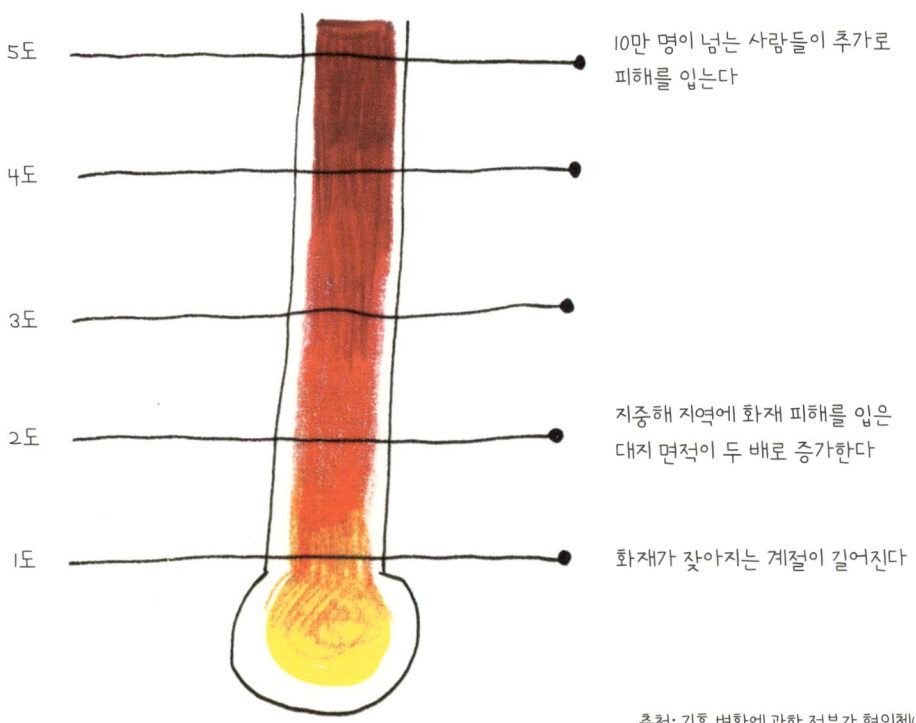

- 5도 — 10만 명이 넘는 사람들이 추가로 피해를 입는다
- 4도
- 3도
- 2도 — 지중해 지역에 화재 피해를 입은 대지 면적이 두 배로 증가한다
- 1도 — 화재가 잦아지는 계절이 길어진다

출처: 기후 변화에 관한 정부간 협의체(IPCC)

해수면이 상승할 거예요!

그린란드와 고산지대의 빙하가 녹으면서 바다로 흘러들고, 바닷물의 온도가 높아지면서 해수의 열팽창이 일어나면 해수면이 높아질 거예요. 지구 평균 기온이 1.5도 올라가면 바닷물의 높이는 2100년까지 26cm에서 77cm까지 높아질 거예요. 그런데 **2도가 오르면 바닷물 높이는 1m 이상** 높아질 거예요. 결국 해발 고도가 낮은 작은 섬들은 바닷물에 잠겨 사라지고, 해안가의 주민들은 오랜 삶의 터전을 잃어버리겠지요.

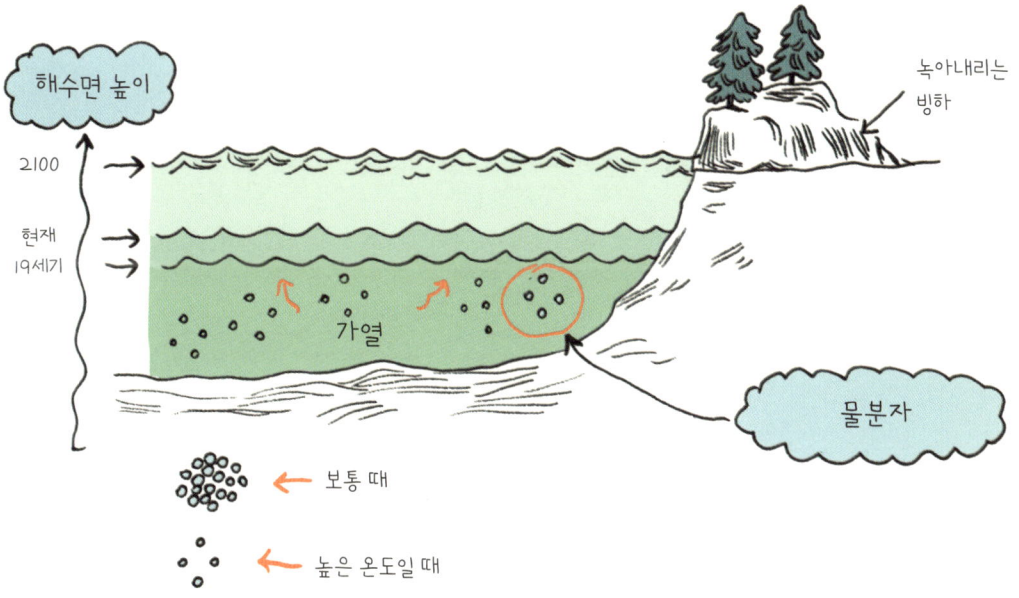

그 밖에도 **최악의 상황들이** 지속해서 나타날 거예요. 지구 평균 온도가 2도 오르면 **10년마다 한 번씩 일어나던 해일이 달마다 일어날** 테고, **100년에 한 번 발생하는 초강력 태풍도 해마다** 더 많은 지역을 휩쓸 거예요. 바닷물의 온도가 올라가면 태풍의 규모도 커질 테고, **바람의 강도도 더욱 거세지고, 비의 양도 늘어나겠지요.**

해양 생태계가 교란될 거예요!

바닷물의 온도가 올라가면 **바닷속 산소 농도가 감소하면서** 일부 지역에는 바다 사막화 현상이 진행될 거예요. 더 이상 물고기들이 살 수 없게 되고, **산호초도** 회복할 수 없는 **타격을 입게 될 거예요**. 과학자들에 따르면, 지구의 평균 기온이 1.5도 오르면 산호초의 70%에서 90%가 집단 폐사하고, 2도 오르면 100%가 멸종될 거라고 해요. 이런 일은 스쿠버 다이빙을 즐기는 이들에게도 슬픈 일일 테지만, 해양 생물과 산호초를 기반으로 어업 활동을 하는 어민들에게는 더욱 심각한 문제지요.

북극과 남극의 얼음이 녹아내릴 거예요!

북극의 얼음은 여름에 일부 녹고, 겨울이 되면 다시 얼어요. 그런데 지난 20년 동안 북극의 얼음이 여름에 녹는 만큼 겨울에 다시 얼지 않는 현상이 반복되고 있어요. 지구 온도가 1.5도 오르면 이런 현상이 반복되면서 북극의 얼음은 **100년 뒤**면 완전히 녹아 버릴 거예요(지난 10만 년 동안 한 번도 일어나지 않았던 일이에요). 만약에 지구의 온도가 2도 오르면 북극의 얼음은 **3년 뒤**에 완전히 녹을 거예요. 이는 북극곰은 물론 이 지역에 사는 주민들에게도 엄청나게 불행한 일이에요. 또한 빙하가 녹으면 지구에 도달한 태양 빛 에너지를 반사하는 효과가 줄어 지구 기온은 녹기 전보다 더 크게 오를 거예요.

> 지구 온난화로 지구 생태계가 얼마나 큰 혼란에 빠질지 상상하기 어려워요.

2만 년 전의 지구

2만 년 전의 지구는 지금보다 3~4도 더 추웠어요. 유럽 대륙은 빙하로 덮여 있어서 나무 한 그루 없었고, 매머드들이 어슬렁거렸어요.

오늘날 우리가 사는 지구

기온이 4도 오른 지구

지구의 평균 기온이 4도 오르면 4도 떨어지는 것과 마찬가지로 지금과는 완전히 다른 세상이 펼쳐질 거예요. IPCC의 발표에 따르면, 상상하고 싶지 않을 만큼 미래 지구의 모습이 달라질 거라고 경고하고 있어요.

지금 우리의 선택이 미래의 지구를 결정한다는 사실을 깨닫고 **아직 0.5도라도 낮을 때, 한 해라도 일찍**, 대응해야 해요! 하루라도 더 빨리 대책을 세우고 행동에 나서야 다가올 지구 온난화 문제에 대비할 수 있고, 그래야 앞으로 벌어질지 모를 대재앙들을 피해 갈 수 있을 거예요.

여기까지 읽어 주어서 고마워요!

이 새끼 고양이는 실온에서 키워 주세요. 보통 독자 한 사람당 고양이 한 마리면 충분하겠지만 증상이 심한 경우에는 더 확실한 효과를 위해 표시된 점선을 따라 고양이를 그려 주세요.

가짜 뉴스 3

2100년에 일어날 일인데 무슨 걱정이람!

기후 변화에 관해 이야기할 때, 기후 위기는 2100년에나 벌어질 일이라고 생각하는 경향이 있어요. 하긴, 우리 세대 하고는 상관없는, 먼 미래의 일처럼 느껴지는 건 맞는 말이에요.

그런데 사실은……

그렇게 먼 미래의 일만은 아니에요. 2020년에 태어난 아이를 생각해 보세요. 우리는 이 아이와 살아갈 세상에 대해 말하고는 하잖아요.

오늘 우리가 아무 대응도 하지 않으면……

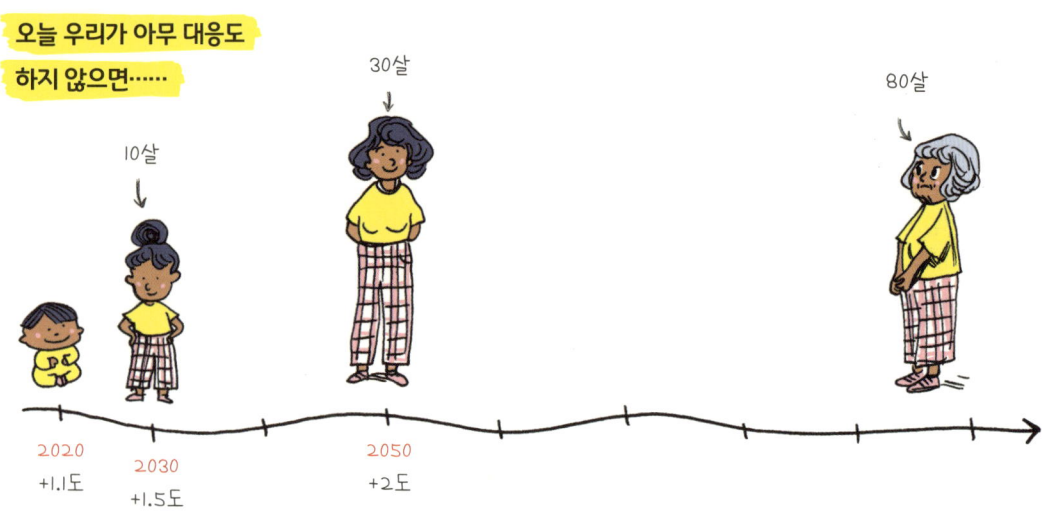

10살
30살
80살

2020 +1.1도
2030 +1.5도
2050 +2도

기상 이변 때문에 입는 피해들은 2100년 전에 나타날 거예요. 이미 여러 곳에서 그 징후들이 나타나고 있어요. 우리가 아무런 행동도 하지 않는다면 상황은 더 심각해질 거예요.

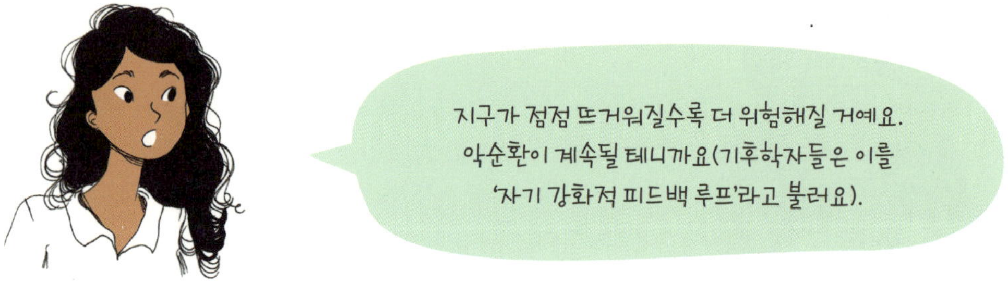

> 지구가 점점 뜨거워질수록 더 위험해질 거예요. 악순환이 계속될 테니까요(기후학자들은 이를 '자기 강화적 피드백 루프'라고 불러요).

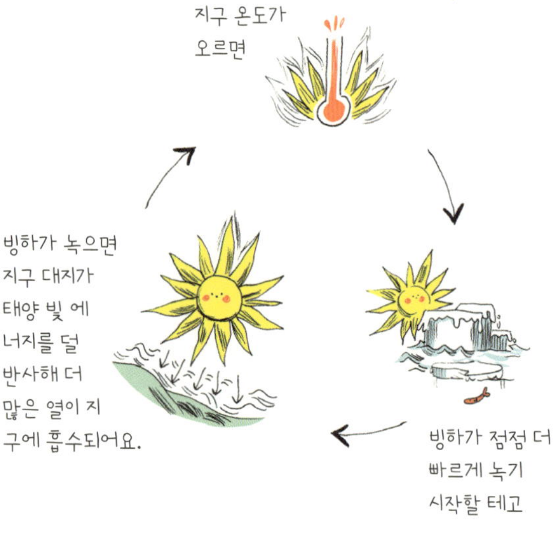

지구 온도가 오르면

빙하가 녹으면 지구 대지가 태양 빛에 너지를 덜 반사해 더 많은 열이 지구에 흡수되어요.

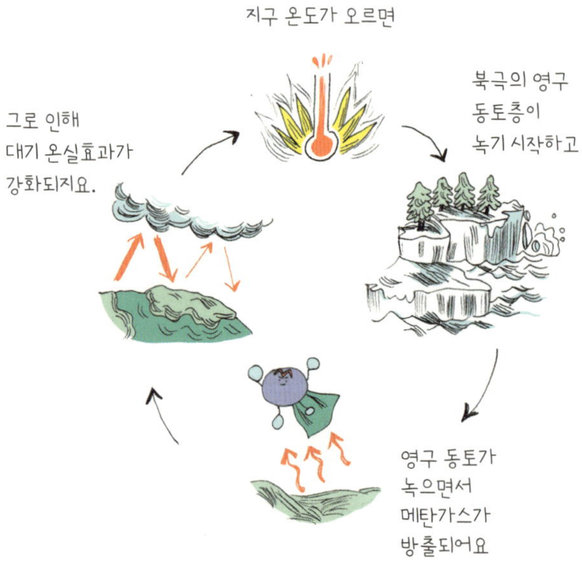

빙하가 점점 더 빠르게 녹기 시작할 테고

지구 온도가 오르면

북극의 영구 동토층이 녹기 시작하고

영구 동토가 녹으면서 메탄가스가 방출되어요

그로 인해 대기 온실효과가 강화되지요.

기후 변화가 빨라질수록 임계점, 즉 위험 수위에 도달할 속도도 빨라질 거예요. 지금처럼 지구 온난화가 가속화되다가는 어느 시점에서는 온도가 조금만 올라가도 차이가 확 느껴질 테고, 다시는 이전의 지구로 돌아가기 어려워질 거예요.

고무줄을 잡아당기는 것과 같은 원리예요. 처음에 고무줄을 당기면 당기는 만큼 조금씩 늘어나고 더 잡아당기면 계속 더 늘어나요.

그러다 어느 지점에 다다르면 고무줄이 더 이상 늘어나지 못하고 끊어지고 말아요.

이때 고무줄은 더 이상 예전의 모습이 아니에요.

임계점을 넘어섰기 때문에 고무줄 당기는 걸 멈춰도 이전의 상태로 돌아갈 수 없어요.

<mark>예를 들면,</mark> 우리가 현재 그린란드에서 빙모(산 정상이나 고원을 덮은 돔 모양의 영구 빙설이며, 면적은 대체로 5만 ㎢ 이하로 대륙 빙하보다 규모가 작아요—옮긴이)를 **볼 수 있는 건** 수백만 년 전인 빙하기 때부터 형성되어 왔기 때문이에요. 지구 온난화가 **위험 수위**에 도달할 때쯤이면 그린란드의 빙모는 회복이 불가능할 정도로 완전히 녹아 버릴 테고, 그런 다음에는 지구 온도가 다시 낮아져도 그린란드에서는 빙모를 볼 수 없겠지요. 빙하 시대가 또다시 찾아온다면 모를까.

그런데 꼭 그렇게 된다는 보장은 없잖아요.
그 누구도 미래를 정확하게 예측할 수 없으니까요!

기후 예측이라는 말을 할 때 사람들은 대개 이런 상상을 해요.

오! 보인다, 보여. 뜨거운 열기가 보여. 분자 입자 같은 것도 얼핏 보이고…….
당신 주위에 당신의 불행을 기원하는 이산화탄소들이 있지요?

그러나 실제로, 기후 모델이 미래를 예측하는 건 아니에요. 예측이라기보다는 컴퓨터로 대기의 상태, 구름, 해류 등을 입력하여 이론적 모델을 세운 뒤, 지구의 변화를 시뮬레이션해 보는 것뿐이에요. 예를 들면, 온실가스가 많아질 경우 가상공간 안에서의 지구는 어떻게 변화하는지를 살펴보는 거예요.

자, 해류에 관한 자료 한 숟가락 들어간다.

반면, 기후학자들은 이런 기후 모델이 잘 작동하는지 확인하고, 신뢰성을 확보하기 위해 과거 사례와 비교해 가며 실험해요. 그래야 기후 모델이 알려 주는 사실과 실제로 관찰되는 것들을 서로 비교해 볼 수 있으니까요.

만일 기후 모델이 신뢰할 만하다면 무작정 미래에 일어날 기후 변화를 알려 달라고 하는 게 아니라 다양한 시나리오를 설정한 뒤 각각의 경우 어떤 일이 일어날 수 있는지를 알려 달라고 요구해요. **맞아요. 모든 게 우리의 실천 행동과 공동체의 선택에 따라 달라지기 때문이에요.** 따라서 과학 논문들을 찾아보면 미래의 예측 가능한 다양한 시나리오들을 반영하는 그래프들이 서로 다를 수밖에 없어요.

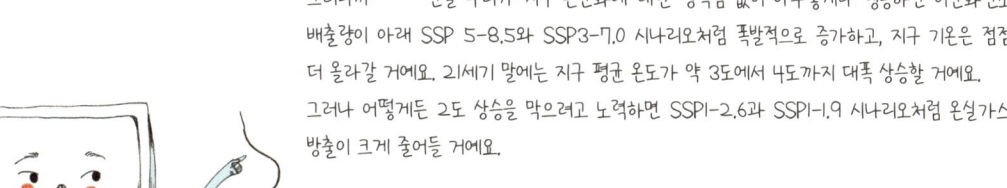

그러니까…… 만일 우리가 지구 온난화에 대한 경각심 없이 아무렇게나 행동하면 이산화탄소 배출량이 아래 SSP 5-8.5와 SSP3-7.0 시나리오처럼 폭발적으로 증가하고, 지구 기온은 점점 더 올라갈 거예요. 21세기 말에는 지구 평균 온도가 약 3도에서 4도까지 대폭 상승할 거예요. 그러나 어떻게든 2도 상승을 막으려고 노력하면 SSP1-2.6과 SSP1-1.9 시나리오처럼 온실가스 방출이 크게 줄어들 거예요.

▶ SSP1-2.6: 재생 에너지 기술 발달로 화석 연료 사용이 최소화되고 친환경적으로 지속 가능한 경제 성장을 이룰 것으로 가정하는 경우
▶ SSP2-4.5: 기후 변화 완화 및 사회 경제 발전 정도가 중간 단계를 가정하는 경우
▶ SSP3-7.0: 기후 변화 완화 정책에 소극적이며 기술 개발이 늦어 기후 변화에 취약한 사회 구조를 가정하는 경우
▶ SSP5-8.5: 산업 기술의 빠른 발전에 중심을 두어 화석 연료 사용이 높고 도시 위주의 무분별한 개발이 확대될 것으로 가정하는 경우

SSP 시나리오의 첫 번째 숫자는 기후 변화 적응을 위한 사회·경제적 노력을, 두 번째 숫자는 2100년 기준의 복사 강제력을 나타낸다.

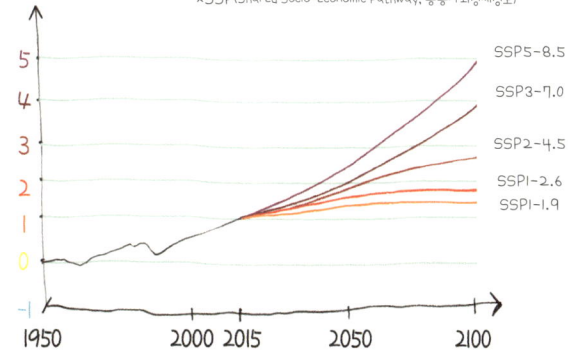

미래 지구의 모습은 미리부터 정해져 있지 않아요. 모든 게 오늘 우리가 어떤 선택을 하느냐에 달려 있어요. **다행히 아직은 늦지 않았어요.** 지금 우리가 노력한다면 기술적, 생물학적으로 1.5도 또는 2도 상승을 막을 수 있어요.

그러나 우리에게 남은 시간이 많지 않아요. IPCC의 발표에 따르면, 2100년 기온 상승폭을 1.5도 아래로 유지하려면 2030년 이산화탄소 방출량을 20년 전인 2010년에 비해 절반으로 줄여야 하고, **2050년에는 반드시 탄소 중립을 이루어야 한다**고 해요.

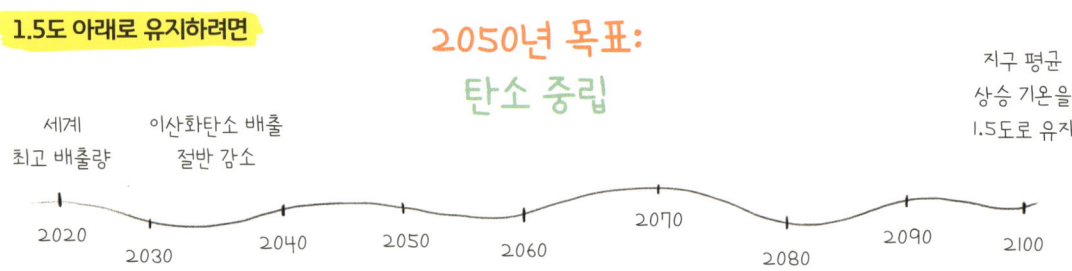

탄소 중립이란 **인간 활동으로 발생하는 온실가스를 지구(숲, 토양, 바다)가 모두 흡수할 수 있는 상태**를 말해요. 이를 '탄소 제로'라고도 불러요.

다시 말해 우리가 온실가스를 전혀 배출하지 않는다는 게 아니라 배출량을 대폭 줄이고, 가능한 모든 수단과 방법을 동원해 지구가 온실가스를 흡수해 내는 능력을 키우자는 거예요. 아직은 갈 길이 멀기 때문이에요.

다음 세대에게 이 문제를 떠넘기고 있을 시간이 없어요. 지금 당장 우리가 행동에 나서야 해요. 특히 기후는 강한 관성의 법칙을 따르는데, 예를 들면, 고속 열차가 일단 출발해서 속도를 낸 뒤에 멈추려면 꽤 오랜 시간이 걸리는 것과 마찬가지예요.

온실가스는 일단 배출되면 대기 중에 오랫동안 머물러 있어요. 메탄은 **12년**, 이산화탄소는 **100년**이나 남아 있어요. 우리 할아버지, 할머니 세대가 배출한 온실가스들이 지금도 여전히 대기에 떠다니고 있지요. 게다가 지금 우리 세대가 배출하는 온실가스까지 보태져 우리 아이들이 살아가는 동안 지구를 뜨겁게 할 거예요.

시간이 더 지나면, 그땐 늦을 거예요. 지구 온도를 일정한 기온 아래로 유지하려면 말이에요.

왜냐하면 이산화탄소 배출을 멈추어 이산화탄소의 흐름을 막겠다고 결정해도 그때는 이미 대기 중에 방출된 이산화탄소 농도를 낮출 수 없을 테니까요.

문제는 우리가 행동에 나서는 걸 머뭇거릴수록 점점 더 힘들어진다는 거예요. 마치 우리가 산꼭대기에 있는데, 해마다 꼭대기에 눈이 점점 더 쌓이는 것처럼 말이에요. 2050년에는 우리 모두 산 아래로 내려가야 한다는 걸 잘 알고 있지만, **행동하지 않고 주춤거릴수록 이산화탄소 배출량은 더 늘어, 산의 경사는 더 가팔라질 거예요.**

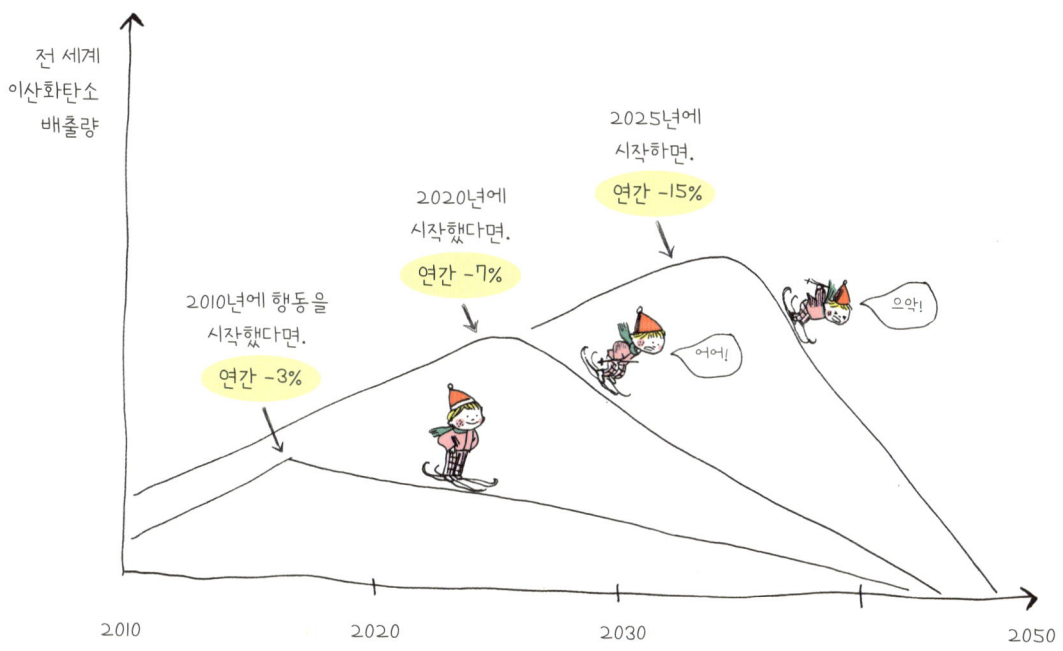

이것저것 조금씩 행동하는 것으로는 충분하지 않아요. 목표 지점에 이르려면 가능한 한 모든 소비를 줄이고, 태양에너지, 풍력에너지, 지열에너지 등과 같은 재생 에너지 개발에 투자하며, 우리가 사는 집을 좀 더 친환경 에너지 형태로 바꾸고, 숲을 가꾸고 보존해야 해요.

그러려면,

가짜 뉴스 4

모두 다, 다른 사람들 탓이야!

 문제가 생기면 사람들은 원인이 무엇인지, 잘못은 누구에게 있는지를 따져 보려고 해요. 그런데 기후 변화는 그렇게 간단한 문제가 아니에요.

이산화탄소 배출량 수사!

밥, 바비 그리고
장 위드의 특별 수사

 무슨 소리야. 사건은 아주 간단해. 기후 변화는 온실가스 때문이야. 특히 이산화탄소가 문제지. 그러니 이산화탄소를 가장 많이 배출하는 나라가 어디인지를 찾으면 되는 거야!

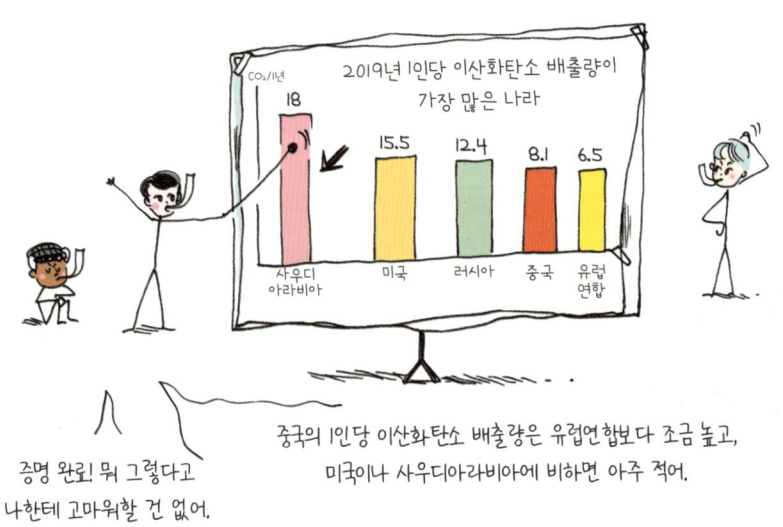

자네들, 둘 다 아주 기본적인
사실을 잊고 있군.

이산화탄소는 한번 배출되면 100여 년 동안 대기 중에 머물기 때문에
1년 동안의 이산화탄소 배출량을 계산할 것이 아니라 산업 혁명 이후
방출된 전체 양을 계산해야지!

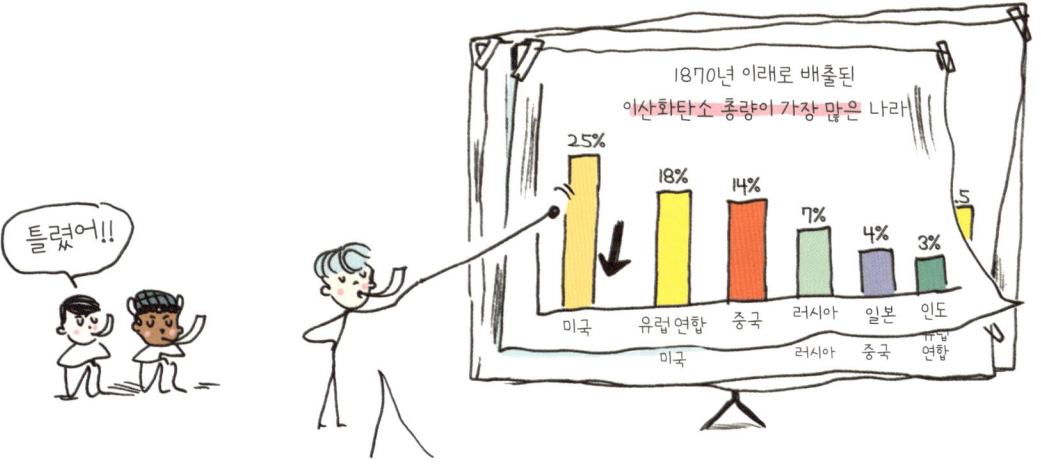

산업 혁명 초기에 막대한 양의 석탄을 사용한 나라들은
지구 온난화 문제에 역사적으로 책임을 져야 한다고.

이렇듯 서로의 잘잘못만 탓하다 보면 끝이 없다니까요.
왜냐하면 각 나라의 이산화탄소 배출량뿐만 아니라
흡수한 양도 고려해야 하거든요.

예를 들면, 프랑스 국민 한 사람의 **탄소 발자국은 6.7톤**이에요. 이는 프랑스 국내에서 전기를 생산하고, 물품을 운송하고, 자동차를 사용하고, 식량을 생산할 때 직접적으로 발생하는 온실가스의 배출량만을 고려한 수치예요. 사실, 탄소 배출의 총량을 정확히 하자면 **국외에서 수입된 모든 것의 탄소 발자국까지 고려해야 해요.** 이것이 바로 수입 배출량이에요. 나라 밖에서 배출되어 '눈에 잘 보이지' 않아도 규모는 큰 편이에요. 스마트폰, 노트북, 값싼 청바지, 그리고 열대 지역에서 수입되는 파인애플과 망고 등이 여기에 포함되지요.

2018년 한 해 프랑스의 수입 배출량은 **전체 탄소 발자국의 53%**를 차지했어요. 결과적으로 수입 배출량까지 더하면 프랑스 국민 **1인당 실제 탄소 발자국은 평균 11.5톤**이 되어요.

그럼, 결국 누구 책임인가요?

앗 뜨거워!

뜨거운 감자 돌리기

사실 책임이라는 뜨거운 감자를 서로에게 돌리기 시작하면 근본적인 문제를 제대로 파악할 수 없어요. 남 탓만 하지 말고 함께 노력해야지요.

이러한 책임 의식과 연대 의식이 바로 파리협약의 주요 정신이에요. 파리기후변화협약 당사국들은 각자 저마다의 역할과 책임이 있다고 인정하고 가능한 모든 수단을 동원해 기후 변화에 맞서 싸우겠다고 약속했어요.

'파리기후변화협약'이 뭐예요?

2015년 제21차 유엔기후변화협약 당사국총회(COP21)에서 195개 회원국은 파리기후변화협약(일명 '파리협정')을 채택했어요. 파리협정 전만 해도 세계는 둘로 나뉘어 있었지요. 한쪽에는 역사적으로 기후 변화에 책임이 있는 나라들(선진국, 특히 유럽과 북아메리카 국가들)이 있고, 다른 한쪽에는 상대적으로 역사적인 책임이 작은 국가들과 기후 변화 피해국들(아프리카, 아시아, 라틴 아메리카, 그리고 작은 섬나라들)이 있었어요. 그런데 파리협정을 통해 **온실가스 배출의 97%**를 차지하는 **195개 회원국**이 기후 변화에 함께 대응하기로 약속했어요. 그 때문에 이 협정은 역사적인 전환점으로 알려져 있어요. 이로써 큰 걸음을 내디딘 건 맞지만 여전히 할 일이 많이 남아 있어요. 모든 나라가 파리협정의 약속을 지킨다면 21세기에 지구의 평균 기온 상승을 3.2도 아래까지 유지할 수 있을 거예요. 물론 1.5도, 적어도 2도 아래로 유지하겠다는 목표에는 한참 못 미치는 수치지만 말이에요. 따라서 지구 온난화를 멈춰 세우겠다는 큰 포부를 잃지 말고 계속 협의하고 행동해 나가야 해요.

'이건 내 잘못이 아니야'라는 말만 되풀이하는 건 기후 변화를 자신의 문제로 여기지 않고, 할 수 있는 일들을 실천하지 않는 거나 다름없어요. 대부분의 나라에서 그런 경향이 있기는 해요.

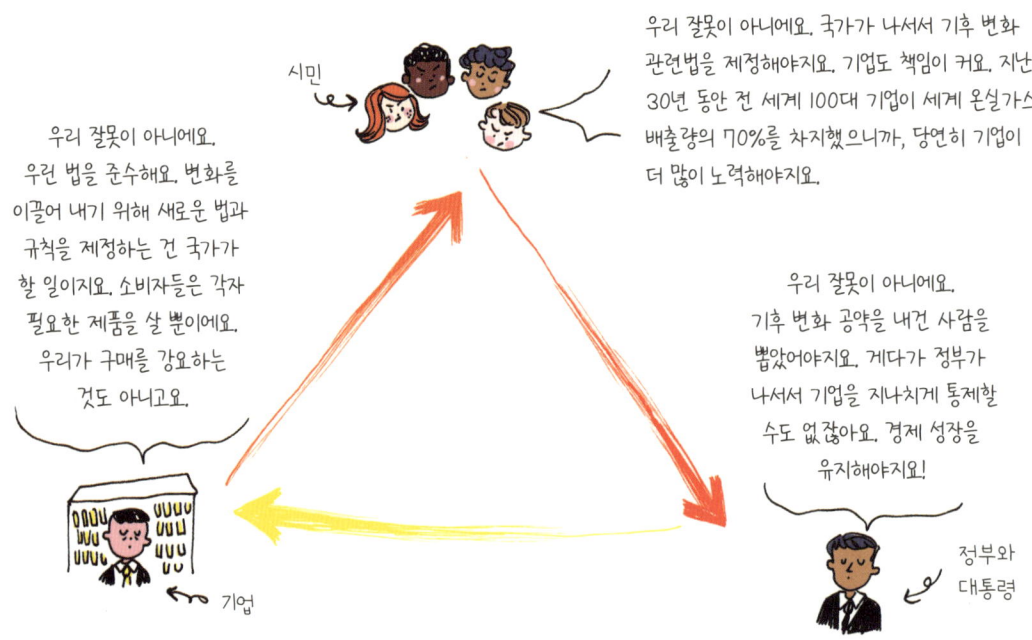

IPCC(기후 변화에 관한 정부간 협의체)에 따르면 지속 가능한 수준을 유지하려면 **연간 1인당 이산화탄소 배출량을 2톤**으로 묶어 두어야 해요. 프랑스 국민 1인당 탄소 발자국이 11.5톤이니 지금보다 탄소 배출량을 80%까지 줄여야 한다는 뜻이에요. 가야 할 길이 엄청 멀지요. 이 목표를 달성하려면 우리 모두가 각자의 위치에서 **자기가 맡은 역할에 모든 힘을 기울여야만 해요**(환경부의 「국가온실가스통계」에 따르면, 대한민국 1인당 온실가스 배출량은 2019년 현재 13.6톤이에요. 온실가스는 이산화탄소를 비롯해 메탄, 아산화질소, 수소불화탄소, 과불화탄소, 육불화황 등을 말해요—옮긴이).

탄소 중립 4 위원회가 발표한 보고서 『자신의 몫을 다하기』에는 기후 문제를 이야기할 때 자주 등장하는 개인 실천 행동 목록이 실려 있어요.

* 탄소 중립 4 위원회가 발표한 친환경 실천 행동 목록에는 탄소 배출을 줄이고 지구 온난화에 대처할 수 있는 크고 작은 실천 행동들이 포함되어 있어요.

위원회 사람들은 다음의 시나리오 2개에 따른 **개인 실천 행동의 영향**을 측정했어요.

시나리오 1 또는 '이상적인 시나리오'

이처럼 프랑스인 모두가 기후 문제 해결의 본보기가 될 만한 행동들을 한다면, 파리협정의 목표를 달성하는 데 이미 **절반의 노력**을 기울인 것과 같아요. 아직 갈 길이 많이 남았지만 말이에요.

나머지 절반은 기업과 정부의 집단적 노력이 필요해요. 국가는 생태적 전환을 위한 법과 규범을 강화하고, 교통 기반과 저탄소 에너지(태양열과 풍력, 지열 등 신재생 에너지와 청정화석 연료 등—옮긴이)에 투자하고 동시에 화석 연료 에너지 보조를 중단함으로써 국가의 책임과 역할을 해내야 해요. 그리고 기업은 기업대로 에너지 효율성을 높이기 위해 제정된 표준을 지키고, 기존의 생산 방식을 친환경 생산 방식으로 전환하고, 관련 법규들을 준수해야 하지요.

시나리오 2 또는 '현실적인 시나리오'

'시나리오 2'를 선택할 경우, 이는 1인당 이산화탄소 배출량 2톤 이하라는 목표를 달성하기 위해서 필요한 **개인의 실천 행동 중 4분의 1의 노력**만을 기울이는 것과 같아요. 부족한 나머지를 채우려면 국가와 기업을 비롯한 공동체가 더 많이 노력해야 해요. 결코 쉬운 일이 아니지요.

이번 공부를 통해 적어도 세 가지 사실은 꼭 기억해야 해요.

첫째, 자그마한 개인의 노력도 모두 모이면 엄청난 효과를 낼 수 있어요. 절반이든 1/4이든 그 자체로 이미 큰 걸음을 내디딘 거예요.

둘째, 개인의 노력이 반드시 필요해요. 모든 게 우리에게 달려 있어요. 그 누구도 우리를 대신할 수 없으니까요.

마지막으로, 개인 혼자서는 문제를 해결할 수 없어요. 국가와 기업도 이전과는 다르게 더 근본적인 변화를 시도해야 해요.

이처럼 개인과 국가, 그리고 기업이 모두 함께 힘과 지혜를 모은다면 기후 변화를 극복할 수 있어요.

나부터 시작해요.

멈추지 말고 한 발 더 나가요!

가짜 뉴스 5

북극곰한테는 슬픈 일이지만, 우리 생활이 달라지는 건 없어!

현재 전 세계 동식물 **약 800만 종** 중에서 **100만 종** 이상이 멸종 위기에 놓여 있어요. 이는 인류 역사에서 처음 있는 일이에요.

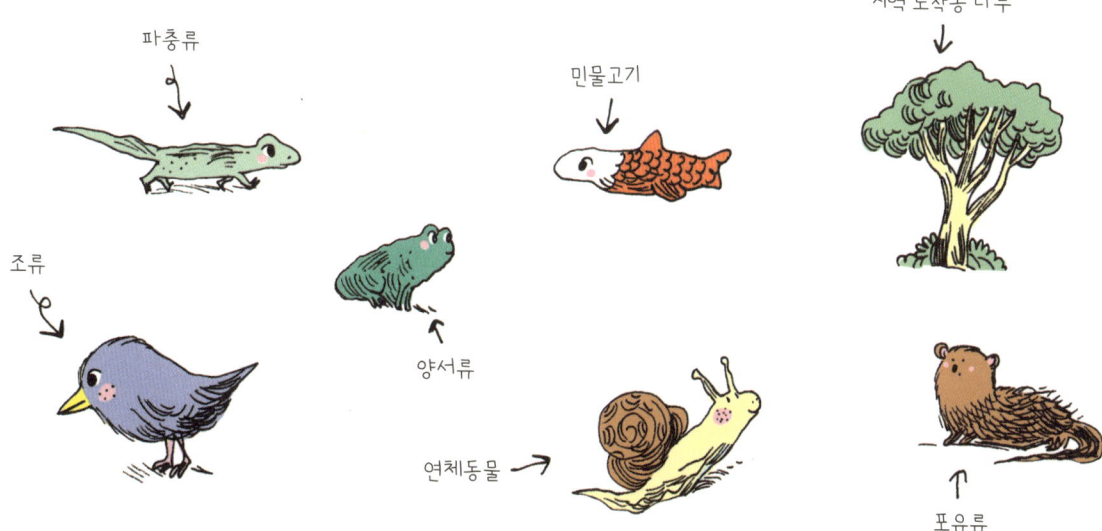

전 세계 **동식물종의 수가 크게 줄어들었을** 뿐만 아니라 각각의 종 개체 수도 감소했어요. 아직 멸종 위기에 놓이지 않은 종들의 경우도 마찬가지예요. **지난 40년간 포유류, 조류, 양서류, 파충류, 어류의 70%가 사라졌으니까요.**

음, 알겠어요. 이야기를 듣고 보니 좀 불안하네요. 그런데 혹시 종과 개체 수의 감소가 생태계에서는 자연스러운 현상 아닌가요? 진화의 과정에서 자연도태되는 종도 있고, 새로 나타나는 종도 있지 않나요?

꼭 그런 건 아니에요. 왜냐하면 동식물의 자연 소멸과 대멸종은 서로 많이 다르거든요.

지구에서 생물체가 등장한 때부터 지금까지 5억 5천만 년 동안, 생물의 대멸종은 **다섯 번**밖에 없었던 걸 보면, 지금 우리가 겪는 **여섯 번째 대멸종**은 아주 드문 일이에요.

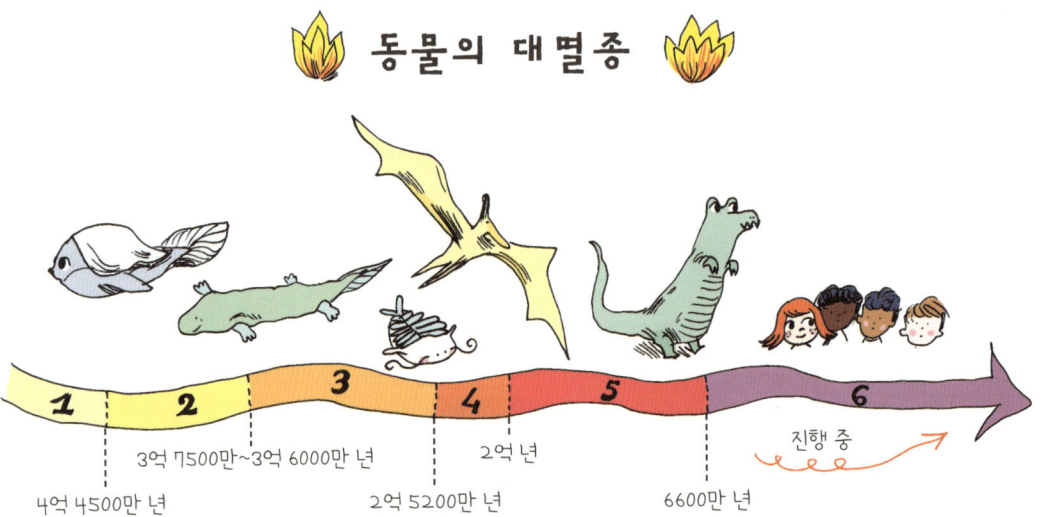

동물의 대멸종

1 — 4억 4500만 년
2 — 3억 7500만~3억 6000만 년
3 — 2억 5200만 년
4 — 2억 년
5 — 6600만 년
6 — 진행 중

오늘날 생물종이 멸종되는 원인은 여러 가지를 들 수 있어요. 그러나 그 가운데 자연계에서 일어나는 자연스러운 현상이라고 설명할 수 있는 건 아무것도 없어요. 기후 변화도 동식물이 멸종하는 원인 중 하나지만 주요 원인은 아니에요. 그럼, 어떤 게 주요 원인일까요?

먼저, 동식물의 서식지 파괴를 꼽을 수 있어요.

한 가지 분명한 건 인간이 너무 넓은 공간을 차지하고 있다는 사실이에요. 농사를 짓기 위해서든, 가축을 키우기 위해서든, 도시를 더 넓히기 위해서든, 인간은 야생 동식물의 서식지인 숲을 계속해서 침범하고 있어요. 예를 들면, 남아메리카 대륙의 숲이 황폐화하는 원인의 3분의 2는 가축 사료용 콩 재배와 가축 사육 때문이에요. **결국** 야생 동물의 서식지는 점점 줄어들고 있지요. 그 밖에도 서식지가 단절되고 잘게 나뉘는 문제도 있어요. 숲 한가운데에 도로가 뚫리면서 서식지가 양쪽으로 갈라지면 동물들이 자유롭게 이동하는 데 방해를 받는 것처럼요.

어류의 무분별한 남획과 농업 활동도 주요 원인이에요.

바다에서 벌어지는 무분별한 남획과 함께 어류 소비가 지나치게 늘어나면서 전 세계 바다에서 물고기의 수가 급격히 줄어들고 있어요. **전 세계 어류의 3분의 1이 무분별하게 남획되고 있어** 자연 번식의 속도가 남획의 빈자리를 따라잡지 못할 정도예요. 또한 절반이 넘는 세계 바다에서 산업형 어업을 하고 있어요. 프랑스소비자협회가 실시한 조사에 따르면, 대형 쇼핑몰이나 지역 수산물 마트에서 판매되는 어류의 80%가 지속 가능한 어업 활동이 아니라 무분별한 조업의 결과물이라고 해요. 바다 밑바닥을 대형 그물로 끌고 다니면서 깊은 바닷속의 물고기를 잡는 저인망 어업도 물고기의 서식처인 산호초를 파괴하는 주범이에요. 이처럼 어린 물고기까지 '**싹쓸이하는 남획**' 때문에 바다 생물자원이 고갈되어 가고 있어요.

'싹쓸이 조업'이란 무엇일까요?
자, 간단히 설명해 볼게요.

새우잡이 트롤(저인망) 어선을 예로 들면, 새우를 잡는 건 고래나 돌고래를 잡는 것만큼 사람들의 동정심을 유발하지 않아서 사람들의 반발도 적고, 그러니 마음껏 잡을 수 있어요…….

그런데 문제는 새우잡이 저인망 어선이 '자신의 의도와는 상관없이' 다른 물고기들을 잔뜩 잡게 된다는 거예요.* 세계자연기금(WWF)에 따르면 **해마다** 약 30만 마리의 고래가 그물에 걸려 죽는데, 특히 돌고래가 가장 큰 피해를 입는다고 해요. 해마다 혼획(특정 어류를 잡으려고 친 그물에 다른 물고기가 함께 잡히는 것—옮긴이)으로 바다거북(바다거북은 멸종 위기종이에요) 약 25만 마리와 바닷새 약 30만 마리가 이유 없이 희생되고 있어요.

* 그렇다고 애써 이를 피하려고 하지도 않아요.

그중 대부분은 죽은 채로 바다에 버려져요. 특히 새우와 함께 다른 물고기가 잡혀 올라오는 혼획이 대표적인 문제예요. 새우 1kg을 잡기 위해 다른 물고기 5~20kg이 희생되니까요.

환경 오염 문제도 있지요.

환경 오염 문제는 원유가 유출되어 생긴 검은 기름때처럼 사람들이 잘 아는 문제부터 사람들이 주목하지 않는 것까지 여러 유형이 있어요. 독성 물질인 중금속과 용매들 그리고 독성 침전물 등 공업지대에서 발생하는 유독 물질이 토양과 하천과 바다를 오염시켜요. 그 밖에도 우리 주변 어디에서나 찾아볼 수 있는 플라스틱도 있어요. 해마다 버려지는 플라스틱의 10%가량인 4천만 톤이 바다와 땅에 버려져서 자연에 그대로 흡수되고 있어요(3분의 1은 바다로, 나머지 3분의 2는 토양으로). 이는 **1분마다 덤프트럭 한 대 분량의 플라스틱을 바다에 쏟아붓는 셈이에요.**

전 세계적으로 피해를 불러일으키는 침입 외래종 유입과 그로 인한 질병의 전파 문제도 있어요.

사람들이 일부러 들여오거나 몰래 들어온(또는 딸려 온) 종들은 새로운 질병을 퍼트릴 수 있거든요.

예를 들면, 1955년에 하와이 주민들은 외래종인 붉은늑대달팽이를 들여왔어요. 먼저 들어와 있던 또 다른 외래종인 아프리카대왕달팽이가 생태계를 교란하자 **위험해진 토종 생태계를 되살리기 위해** 육식성이며 아프리카대왕달팽이의 천적인 붉은늑대달팽이를 들여온 거예요.

그런데 정작 붉은늑대달팽이는 아프리카대왕달팽이 대신 제 입맛에 더 맞는 토종 달팽이들을 마구 잡아먹기 시작했어요.

결국 하와이에 서식하는 700여 종의 토종 달팽이 중 90%가 사라져 버렸어요. 이런 비슷한 일이 남태평양의 프랑스령 폴리네시아, 동아프리카의 섬나라인 모리셔스, 그 밖의 많은 섬에서 일어났어요.

하와이의 경우 평균 **한 달에 한 종꼴로** 천적이 없는 침입 외래종이 유입되고 있어요. 반면 이곳에 사람이 살기 전만 해도 1만 년에 한 번꼴로 외래종이 유입되었어요.
무엇보다도 오늘날의 세계는 국제 교류와 무역의 발달로 밀접하게 연결되어 있어요. 그런데 이런 현실은 자연 생태계로서는 처음 겪어 보는 낯선 변화이고, 자연스러운 종의 진화 질서를 흔들어 놓는 사건이 아닐 수 없어요. 세계는 점점 **생물 종의 다양성이 사라지고 획일화되어** 가고 있어요.

그리고 마지막으로 기후 변화 때문이지요.
지구 온도가 급격하게 상승하면서 생존의 위협을 받은 동식물 종들은 서식지를 옮길 수밖에 없었어요. 동물들은 뜨거운 열기 등 기후 변화의 영향을 피해 가기가 쉽지 않아요. 식물의 경우는 더 어렵고요.

예를 들면, 박쥐들은 섭씨 42도 이상의 온도를 견디지 못하는데, 호주와 뉴기니 전역에 서식하는 **안경날여우박쥐**도 그 가운데 하나예요. 42도가 넘으면 땀을 배출하는 게 어려워지고, 그늘로 피하거나 빠르게 숨을 쉬는 등의 생존 기술들을 제대로 발휘하지 못하기 때문이에요. 1994년부터 2007년까지 10여 년 동안 지구에 남아 있던 개체 수가 채 10만 마리도 안 되던 안경날여우박쥐 가운데 3만 마리가 폭염을 견디지 못하고 죽었어요.

그 밖에도 **아마존의 열대우림과 호주 덤불숲 지대의 화재**로 수많은 동식물의 거대한 자연 서식지가 파괴되었으며, **해수면 상승**으로 인해 수많은 생물 종의 서식지가 잠식당했어요. 태풍이나 폭풍도 규모는 커지고 점점 잦아지면서 피해도 커지고 있지요.

멜로미스 루비콜라

2016년, 호주에 서식하는 설치류인 멜로미스 루비콜라는 기후 변화로 멸종된 첫 번째 포유류로 공식 인정되었어요. 멜로미스는 호주 북동쪽 해안에 있는 그랜드 베리에르의 작은 산호초 섬이 주요 서식지였어요. 그런데 해수면 상승과 잦아진 홍수 때문에 멜로미스가 사는 섬에 바닷물이 흘러넘치면서 서식지가 완전히 사라져 버리고 말았어요.

바다도 수많은 어려운 문제에 맞서 싸워야 해요.

해양 생태계를 교란하는 환경 오염 사건들이 자주 일어나고, 해류가 바뀌고, 바닷속 산소량마저 급격히 감소하는 바람에 생물이 생존할 수 없을 정도로 황폐해지는 바다 사막화 현상이 진행되고 있어요. **해양 산성화 문제**도 발생하지요.

엘리자베스 콜버트*는 해양 산성화를 **기후 변화의 악명 높은 쌍둥이**라고 불러요.

* 여기에서 들려주는 조금 우울한 이야기들을 조금이라도 보상하기 위해 엘리자베스 콜버트를 자가 치유 능력을 지닌 깜찍한 멕시코도롱뇽 아홀로틀로 변신시켜 소개할게요.

해양 산성화는 기후 변화 때문이 아니라 기후 변화를 일으키는 요인들 때문에 일어나는데, 이는 우리가 이미 잘 알고 있는 요인들이에요.

우리가 주범이에요!

사람들이 배출하는 이산화탄소의 3분의 1가량은 바다가 흡수해요!

그래도 전체 이산화탄소 배출량의 3분의 1을 바다가 흡수할 수 있었으니 그나마 다행이에요. 지금까지는 그 덕분에 지구 온난화를 어느 정도는 억제할 수 있었으니까요. 그런데 이제는 바다에 녹아든 이산화탄소가 바다를 점점 산성화시키기 시작해 걱정이에요.

바다 산성화는 먼 미래에나 일어날 일이 아니에요. 19세기 말 산업 혁명 때부터 **바다는 이미 30%가량 산성화되었어요.** IPCC는 지금처럼 이산화탄소가 계속 배출되면 바다가 흡수하는 이산화탄소량은 점점 줄어들 거라고 말해요.

기후 변화에서 볼 수 있듯이 바다에 흡수되는 **이산화탄소의 양**도 문제지만 더 심각한 건 흡수되는 **속도**가 너무 빠르다는 거예요.

마치 알코올처럼 말이에요. 포도주 한 병을 일주일 동안 조금씩 나누어 마시는 것과 한 시간 만에 한꺼번에 마시는 것은 완전히 다른 문제지요. 같은 양이라도 마시는 속도에 따라 알코올이 몸 안의 혈액에 미치는 영향은 전혀 다르거든요.

그런데 해양 산성화가 왜 위험하지요?

해양 산성화는 지구상에 생명체가 나타난 이후 겪었던 다섯 차례의 대멸종에 적어도 두 번, 아니 세 번 정도 영향을 미쳤어요.

왜 위험한지 그 이유가 너무 많아 대답하기가 쉽지 않아요!

그때 난 혼란스러운 사춘기를 겪고 있었어. 대멸종을 겪느냐, 아니면 타투로 멋을 내느냐를 고민하고 있었지.

바다의 산성화로 바닷속 빛의 양과 소리의 전파가 변화되고, 독성 해조류가 크게 번식하게 됐어요. 그런데 무엇보다 바닷물이 산성화되면 껍질과 골격에 석회 성분이 있는 해양 생물들이 줄어드는 게 가장 큰 문제예요.

껍질과 골격에 석회 성분이 있는 해양 생물이라는 말이 꽤 낯설어 보이지요. 그러나 아래의 것들처럼 이미 여러분이 잘 알고 있는 것들이에요.

성게류 · 익족류 · 산호초 · 불가사리

바닷물고기의 4분의 1이 산호초를 터전으로 해서 살아가기 때문에 생물 다양성 면에서는 전혀 달갑지 않은 소식이지요. 그중에는 우리가 자주 먹는 것도 제법 있어요. **홍합**이나 **굴**처럼 바다 정화 능력이 있는 생물들이 줄어들면 바다가 점점 더 오염될 거예요.

간단히 말하면, 땅과 바다 등 모든 자연이 점점 사라지고 있다는 거예요.

자연이 사라지면 인류가 맞닥뜨려야 할 현실은 매우 절망적이에요. **'지구 생태 용량 초과의 날**(Earth Overshoot Day)'이 이를 증명해 주지요. 이날은 지구 자원에 대한 인간의 수요와 폐기물 방출 규모가 지구의 생산 및 자정 능력을 초과하게 되는 날로, 즉 한 해에 주어진 생태자원을 모두 소진하게 되는 날이에요. 이날이 지나면 나머지 시간은 미래의 자원을 끌어다 써야 한다는 뜻이 돼요. '지구 생태발자국 네트워크'라는 단체가 해마다 발표하는데, 시간이 지날수록 이날이 점점 빨라져요. 1999년에는 **9월 29일**이었는데 2022년에는 **7월 28일**이에요.

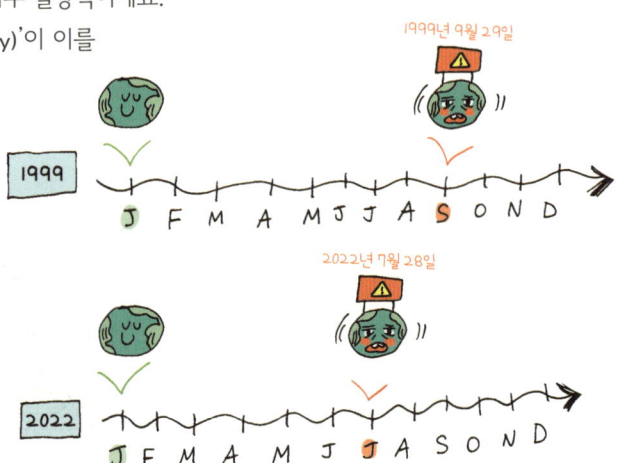

> 그렇다고 우리 생활에서 달라지는 게 뭐에요? 구체적으로. 북극곰이 내 가족은 아니잖아요.

> 우리가 동물을 좋아하든 그렇지 않든, 그것과는 상관없이 우리 생활에서 많은 게 달라져요. 자연은 우리 인간에게 매우 중요하고 결정적인 역할을 하고 있으니까요……

자연은 우리에게 먹거리를 제공해요. 예를 들면, 우리 인간은 꽃가루를 옮기는 매개 곤충들 덕분에 먹거리를 얻을 수 있어요. 꽃들의 약 87%가 곤충을 통해 수분을 하는데, 이를 다른 말로 하면 **전 세계 농업 인구의 4분의 3이** 이들 매개 곤충의 혜택을 보고 있다는 이야기예요.

> 자, 애들아, 이제 일하러 가야지!

만일 인간이 꽃가루 매개 곤충에게 일한 만큼 대가를 지불해야 한다면, 연간 2350억 달러는 넘게 주어야 할 거예요.

> 아무래도 우리가 착취당하고 있는 것 같아.

> 도대체 노조는 뭐 하고 있는 거야.

자연은 우리의 질병을 치료해 줘요.

지난 25년간 개발된 저분자 의약품*의 70%는 천연자원 또는 자연에서 추출한 것들이에요.

* 저분자 의약품이란 화학적 합성으로 만들어지는 저분자량 (대략 분자량 1,000 이하)의 화합물 의약품을 말해요—옮긴이.

자연은 우리를 보호해 줘요.

전 세계 약 2억 명이 폭풍해일과 파도에 맞서 자연 방파제 역할을 하는 산호초 덕을 보고 있어요.

자연은 인간 본래의 가치를 회복시켜 줘요.

산과 바다, 숲과 동물 등 자연은 우리에게 **행복**을 느끼게 해 주고, 큰 감동과 영감을 주며, 마음껏 숨 쉬며 살아갈 수 있게 해 줘요.

다양한 해결책을 알아봐요!

무엇보다 **자연 생태계가 인간의 영향에서 벗어나 자유롭게 숨 쉴 수 있도록 내버려 두는 게 중요해요**. 예를 들면, 동식물의 자연 서식지를 보존하고, 해양보호구역을 마련해야 해요. 어린 동물과 식물들이 자유롭게 번식하며 성장할 수 있도록 다 자라기 전에 포획하거나 채취하지 말아야 해요. 아울러 숲과 야생 서식지 보존을 위해 무분별한 삼림 벌채도 막아야 해요.

그러면서 경작 면적을 적게 차지하고, 물을 적게 쓰고, 화학물질이나 농약을 덜 쓸 수 있는 **친환경 농업으로 전환**해야 해요. 일상생활에서는 **육류 소비를 줄이고** 어류 남획을 막기 위해 **물고기 소비도 줄여야 해요**. 동시에 **플라스틱 같은 오염 물질 사용도 크게 줄여야 해요.**

가짜 뉴스 6

**그래 보았자
아무 소용없어.
있는 그대로
받아들여!**

기후 변화에 대응하기 위해 우리가 해야 할 것들을 살펴보다 보면 절망할 수도 있어요.

> 현실에서 마주하는 기후 변화에 적응하며 사는 것도 당연히 중요하지요.

지구의 평균 기온 상승을 2도나 1.5도 아래로 유지하는 데 성공한다 해도 맞닥뜨려야 할 문제들은 많으니까요…….

가뭄 / 폭염 / 해수면 상승 / 빙하가 녹음

다시 말해, 이런 문제들에 적응해 간다는 것은 곧 기후 변화가 **우리 사회에 미치는 영향과 그 때문에 입는 피해들을 줄이기** 위한 해결책을 찾아낸다는 뜻이기도 해요.

도시 차원에서 알아봐요.

도시의 평균 기온은 더 올라갈 거예요. 도시를 뒤덮은 아스팔트와 콘크리트, 빌딩 숲이 **열섬**(주변보다 기온이 높은 도시 지역의 등온선을 그리면 그 모양이 바다에 떠 있는 섬처럼 보이기 때문에 생긴 말—옮긴이) 현상을 일으키기 때문이에요. 이 문제를 해결하려면 건축 자재는 태양 광선을 반사하는 흰색과 반사 가능한 소재를 사용하고, 건물을 새로 짓거나 고쳐 지을 때도 세밀하게 단열 작업을 해야 해요. 나무를 많이 심어 도심지와 도로 주변에 녹지 공간을 충분히 만들고, 분수처럼 시민들이 폭염을 피할 수 있는 곳들을 마련하는 것도 필요해요.

홍수 위험에서 벗어난 지역
주거 지역
제방(둑)

홍수 위험도 있어요.

천둥 번개를 동반한 강한 폭우는 강물을 넘치게 해요. 또 콘크리트와 아스팔트로 뒤덮인 도로, 주택, 경기장 등은 빗물이 토양으로 잘 스며들지 못해 자연스러운 물의 흐름을 막을 위험이 있어요.

네덜란드는 정부와 전문가, 그리고 국민이 홍수 방지 대책을 마련하기 위하여 힘을 합쳤어요. 어떤 지역은 제방을 높이 쌓고, 어떤 지역은 강에 더 많은 자리를 내주기 위해 둑을 옮기기도 했어요.

기후 변화에 적응할 수 있는 농업 방식도 많아요.

물을 적게 사용할 수 있도록 관개 시설을 마련하거나 폭염과 가뭄에 잘 견디는 농작물을 키울 수 있어요. 예를 들면, 프랑스 보르도 지방의 농민들은 지금처럼 좋은 품종의 포도주를, 원하는 양만큼 생산하기 위해서는 지구 온난화에 대비해야 한다는 사실을 잘 알고 있어요.

이런 이유로 농부들은 더위와 가뭄에도 잘 견디는 포도 품종을 개발하고 포도밭을 조성하는 방법 등을 고민하고 있어요. 그러나 그들에게 남은 시간은 그리 많지 않아요. 2050년에 포도를 수확하기 위해서는 지금부터 5년에서 10년 사이에 심어야 하니까요.

그러나 이 모든 노력에도 새로운 기후에 적응하는 농업 방식을 찾아내지 못하는 지역들이 생길 거예요. 기후 변화에 능동적으로 대처하여 성공하는 지역이 있는가 하면 그렇지 못한 지역이 나타나는 건 어쩔 수 없어요.

점점 극한으로 치닫는 기후 변화에 대처해 가는 과정에서 우리 자신을 보호하는 방법들을 찾을 수 있어요.

특히 태풍이 그래요. 태풍과 홍수 등이 자주 일어나는 방글라데시의 경우, 태풍 피난처를 마련하고 주민들을 대상으로 재난 행동 요령을 교육했어요. 이런 노력 덕분에 방글라데시는 해가 거듭될수록 태풍으로 인한 사망자 수가 크게 줄고 있어요. 또 우리는 자연을 통해 해결책을 찾아낼 수 있어요. 태풍, 해일, 쓰나미 등과 같은 해안의 자연재해로부터 자연 방파제 역할을 하는 맹그로브 숲처럼 말이에요. 해안가에 맹그로브 나무를 심어 해수면 상승으로 인한 해안 침식을 막고, 동시에 태풍의 위력을 어느 정도는 통제할 수 있었어요. 태평양의 피지섬에도 맹그로브를 심었답니다.

IPCC에 따르면 기후 변화의 피해는 기온 변화에만 달려 있다기보다 우리가 앞으로 어떤 사회·경제적 선택을 하느냐에 따라서도 결정된다고 해요.

식량 안보의 측면에서 살펴봐요.

식량 안보는 식량의 생산과 재고량을 유지하여 국민의 식량을 위협하는 외부의 요인에서 국민을 지키는 일을 말해요. 똑같이 온난화 위험에 노출되었다 해도 어떤 개발 방식을 선택하느냐에 따라 식량 안보 위험을 조절할 수 있고, 반대로 통제하기 힘들어질 수도 있어요.

식량 안보의 위험

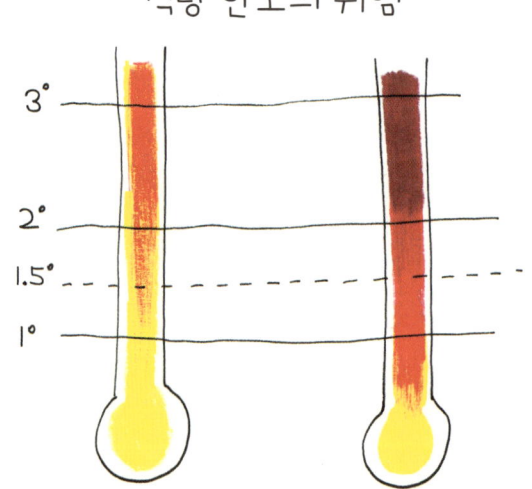

조절 가능한 수준: 통제 가능한 인구 증가, 불평등 감소, 온실가스 배출이 비교적 적고 회복력을 더 확보한 농업 활동, 지속적인 토지 경영, 높은 적응력

통제하기 힘든 수준: 폭발적인 인구 증가, 불평등 심화, 더딘 기술 변화, 낮은 적응력

출처: IPCC

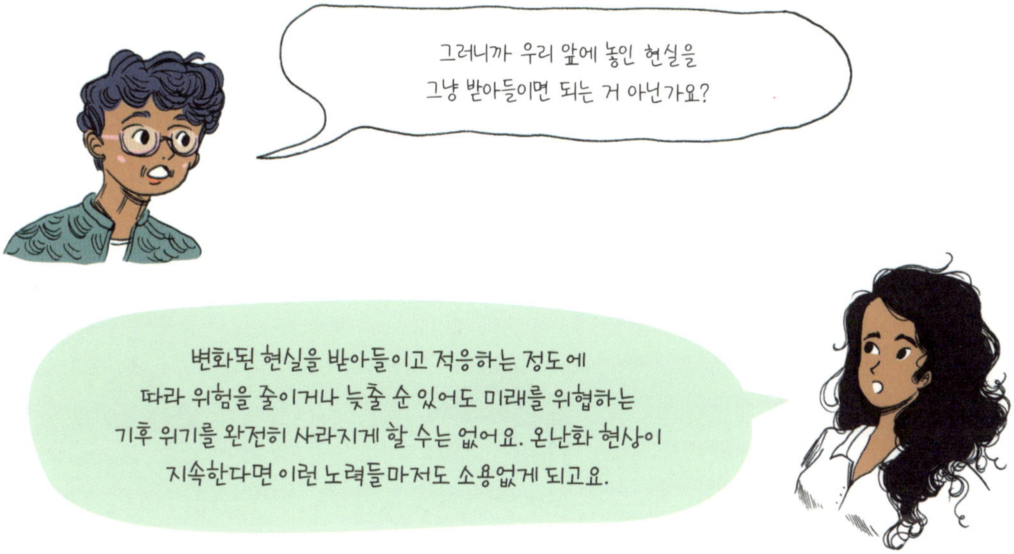

그러니까 우리 앞에 놓인 현실을 그냥 받아들이면 되는 거 아닌가요?

변화된 현실을 받아들이고 적응하는 정도에 따라 위험을 줄이거나 늦출 순 있어도 미래를 위협하는 기후 위기를 완전히 사라지게 할 수는 없어요. 온난화 현상이 지속한다면 이런 노력들마저도 소용없게 되고요.

사실, 현재의 위험을 줄이려는 노력과 현실 상황에 적응하려는 노력은 함께 가야 해요.

이산화탄소(CO_2)

인간 활동이 기후 변화에 미치는 영향을 줄이면

기후 변화가 우리 사회에 미치는 영향이 줄어들어요

줄이기 적응하기

기후 변화로 인한 **피해**를 근본적으로 해결하려고 애쓰지 않으면서 온실가스를 줄이려는 노력만 할 수는 없어요. 기후 변화의 **근본적인 원인**을 파악하지 않은 채 눈앞의 피해를 줄이려는 노력만 할 수도 없고요.

사실, 무엇에 적응해야 하는지를 파악하는 일도 쉽지 않아요. 지역마다 기후 변화의 피해가 매우 다르니까요. **누구에게나 어디서나 적용할 수 있는** 마술 같은 비법도, 기적의 해결책도 없어요.

물론, 기상 이변을 통제하느냐 그렇지 못하느냐에 따라 대응 방안들은 달라질 거예요.

미래에 펼쳐질 우리 지구의 모습을 잘 알아야,
지금 어떤 선택을 할지 결정할 수 있어요.

우리에게는 달리 선택의 여지가 없어요. 지금 눈앞에 마주한 기상 이변 결과에 **적응하는 능력을** 키우는 한편, 온실가스를 **줄이기 위한** 노력도 해야 해요.

다음과 같은 속담을 아세요?

나무를 심는 데 가장 적절한 시기는 20년 전이고, 두 번째 적절한 시기는 바로 지금이다!

가짜 뉴스 7

기술 혁신이 우리를 구원할 거야!

램프 요정 지니가 뭐든지 해결해 줄 거야!

당연하지. 인류가 달 위를 걷고, 수많은 질병과 맞서 싸울 수 있었던 건 모두 내 덕분이지. 그리고 인터넷이 있으니 눈 깜빡할 사이에 사람들이 던진 질문에 답을 해 줄 테고,* 기후 변화 같은 간단한 문제는 해결하는 데 1초도 안 걸린다고.

* 기술 혁신 덕분에 치즈 강판이나 스크래치 신발, 루빅스 큐브처럼 매력 넘치는 물건들도 발명할 수 있었지요.

그런데 기후 변화는 그리 간단한 문제가 아니에요.

첫째, 사람들이 기후 변화에 대응하기 위해 선택한 기술들이 항상 훌륭하고 적절한 건 아니에요.

좋아, 지니야! 기후 변화에 영향을 주지 않는 여행을 하고 싶어!

그거야 너무 쉽지. 이미 오래전에 발명해 두었거든. 짜잔~ 네 소원은 이미 이뤄졌어!

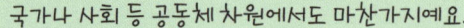

기차야말로 탄소 배출이 가장 적은 교통수단이에요. 예를 들면, 파리에서 니스까지 **비행기**로 이동하면 **한 사람당 이산화탄소 배출량이 69kg**이지만 **기차로 가면 2.1kg**밖에 안 돼요(파리에서 니스까지의 거리는 자동차로 약 930km—옮긴이).

그런데 우리는 교통수단을 선택할 때 **기후 변화를 걱정**하며 탄소 배출량을 따져 보는 대신 좀 더 편리하고 저렴하며 빠른 걸 더 좋아해요.

예를 들면, 전기차는 1834년에 처음 선보였으나, 복잡한 내연기관차는 그로부터 30년 뒤에나 등장해요.

그런데 산업화로 대량 생산이 된 것은 **내연기관 자동차**였어요. 당시 저렴한 연료인 석유를 구하기 쉬웠고, 운송도 수월했기 때문이에요. 그때만 해도 석유가 지금처럼 지구 환경을 해치리라고는 짐작도 못 했지요.

76

둘째, 에너지 소비가 적은 기술(따라서 온실가스를 적게 배출하는)을 사용한다고 해서 반드시 기후 변화에 이로운 건 아니에요.

오히려 반대로 이런 기술을 채택했더니 에너지 소비는 더 많아지고 기후 변화에는 거의 영향이 없거나 더 안 좋은 영향을 끼치는 경우가 종종 있어요. 이를 **반등 효과**라고 부르는데, 간단히 설명해 볼게요.

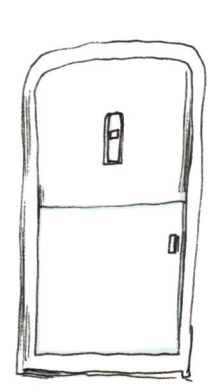

> 이런 현상은 어디서든 볼 수 있어요.

자동차를 예로 들어 볼게요. 전 세계 자동차 제조업체들은 20년 전부터 연비가 높은 자동차를 개발하기 위해 많이 노력했어요. 이론적으로만 생각하면 이런 자동차가 환경을 덜 오염시키지 않을까요?

그런데 현실은 그렇지 않아요.

1. 오히려 이러한 기술 혁신의 결과로 예전보다 **자동차 구매량이 늘었어요.** 프랑스인의 자동차 구매 수량은 1990년에 2700만 대에서 2020년에는 3900만 대로 증가했어요. 더 많은 사람이 자동차를 샀을 뿐만 아니라 한 가정당 자동차 보유 대수도 2대에서 3대까지 늘었으니까요.

2. 또한 소비자들의 구매 패턴도 **대형 자동차, 최고 사양을 갖춘 자동차로 옮겨 가기 시작했어요.** 결과적으로 더 많은 연료를 소비하게 되었지요. 미국의 자동차 판매 수량의 절반과 유럽의 판매 수량의 3분의 1이 SUV(스포츠 유틸리티 차량)예요. 전 세계에서 2010년부터 2018년까지 자동차가 배출하는 이산화탄소량이 에너지와 산업 부문에서 배출하는 양에 이어 두 번째로 많은 것으로 알려졌어요. **전기 자동차 사용으로 감소한 이산화탄소 배출량이 SUV의 배출량 때문에 그 효과가 모두 사라진 셈이에요.**

> 동네 슈퍼에 사륜구동차를 끌고 갈 필요는 없을 텐데요······.

> 아니, 필요할 때 인공 구름으로 비를 내리게 하는 기술 혁신을 생각하고 있었어요. 기후를 마음대로 조정할 수 있는 지구 공학이야말로 획기적인 기술 혁신이에요.

"세 번째 사실을 이야기해 볼게요."

셋째, 기술을 신뢰하는 것과 산타 할아버지를 믿는 건 완전히 달라요. 기상 이변의 원인을 해소하려 하기보다 기상을 조절하려는 '시도들'은 실현 가능성이 없어요. 왜냐하면 대규모의 **기술 혁신**이 전제되어야 하고, **막대한 비용 문제**, **윤리적 문제**, 그리고 정치적 사안들까지 따라오기 때문이에요. 대대적으로 시행하는 데 들어가는 시간과 통제가 어려운 **후유증**도 있어요.

"태양 지구공학(태양빛의 일부를 차단해 지구 온난화 속도를 늦추고자 하는 연구 분야—옮긴이)의 예를 들어 볼게요. 먼저, 이 기술이 어떻게 작동하는지 알아보려면 과거로 잠시 돌아가 봐야 해요."

1815년 4월, 인도네시아의 **탐보라 화산**이 폭발했어요. 현시대에 가장 강력한 화산 폭발 중 하나로 알려진 베수비오 화산 폭발보다 그 규모가 8배나 컸지요. 탐보라 화산 폭발의 결과 황산염 입자로 휩싸인 거대한 구름이 전 세계로 퍼져 나갔고, 이 때문에 성층권에서 태양 광선을 가로막는 일이 벌어졌어요.

이 사건으로 지구 기온이 크게 떨어졌어요. **1816년**은 **여름이 없는 해**로 기록되었어요. 북아메리카 지역에서는 6월에도 눈이 내렸고, 몬트리올의 거리에는 얼어 죽은 새들이 즐비했어요. 유럽은 강추위와 폭우로 농작물 피해가 컸고, 곳곳에서 기근이 발생했어요. 타이완에도 눈이 내리는 바람에 벼농사는 흉년을 기록했고, 아시아 전역에서 비슷한 상황들이 벌어졌어요.

태양 지구공학은 지구 온난화 속도를 늦추기 위해 화산 폭발의 효과를 적용하자는 아이디어를 제시했어요.

해마다 비행기로 1백만 톤의 황산 입자를 성층권에 뿌려 지구 온도를 냉각시키는 방법도 있다고. 어때? 멋지지!

지구 온난화를 막을 수 있는 꽤 괜찮은 아이디어일지는 몰라도 그 때문에 다른 부작용들이 발생하니까 문제지요.

미국의 기후학자인 앨런 로복*은 태양 지구공학이 기후 문제를 근본적으로 해결할 수 있는 기술이 아니라, 오히려 위험하다며 잠재 위험 요인 **28가지**를 제시했어요. 그중 대표적인 몇 가지를 이야기해 볼게요.

* 앨런 로복 교수의 콧수염과 흰 수염을 표현하기 위해 교수님을 황제타마린(황제콧수염원숭이)으로 그려 봤어요.

위험 요인 1: 계절풍(몬순-옮긴이)을 약화시켜 아시아와 아프리카 지역에 혹독한 가뭄을 일으킬 수 있어요.

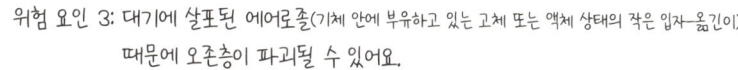

위험 요인 3: 대기에 살포된 에어로졸(기체 안에 부유하고 있는 고체 또는 액체 상태의 작은 입자-옮긴이) 때문에 오존층이 파괴될 수 있어요.

위험 요인 4: 바다는 계속해서 산성화될 거예요. 사람들이 계속 이산화탄소를 배출할 테니까요. 근본적인 문제를 해결하기보다는 눈에 보이는 여러 현상 중 하나를 감추는 결과밖에 되지 않을 수 있어요.

위험 요인 8: 경제 위기나 국제적 갈등 문제가 발생하면 대기에 황산 입자를 뿌리는 작업을 중단할 테고, 그러면 이전보다 온난화 속도는 더 가속화될 거예요. 그러면 지금보다 더 위험해질 수 있어요.

위험 요인 17: 에어로졸을 대기에 살포하면 흰 구름이 형성될 거예요. 그러면 야외에서도 파란 하늘을 보기 어려워지겠지요.

위험 요인 19: 인간은 기술 공학 면에서 언제든 실수를 저지를 수 있어요(예: 체르노빌 사태).

위험 요인 23: 누가 결정하지요? 러시아는 기온을 조금 올리기 원하고, 인도는 내리기 원하면 어떻게 하지요?

위험 요인 28: 인류가 마음대로 지구 환경을 변화시킬 권리가 있는 걸까요?

무슨 소리예요? 그럼 기술이 아무 쓸모가 없다는 말이에요?

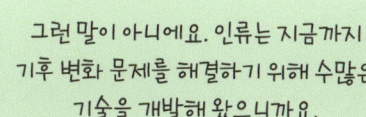

그런 말이 아니에요. 인류는 지금까지 기후 변화 문제를 해결하기 위해 수많은 기술을 개발해 왔으니까요.

전력을 생산하기 위한 재생 에너지들은 이미 많아요.
태양에너지, 풍력에너지, 수소에너지, 지열에너지 등등.
개발 비용도 점점 낮아지고 있고요.

이동 수단으로 저탄소 친환경 대중교통도 점점 도입되고 있어요.
전기 자동차나 공유 자전거도 있지요.

주택의 단열 시설을 보완하여 **에너지를 가능한 한 적게 소비하도록 하는 방법**도 있어요. 기술 발전으로 셀룰로스 단열재를 재활용 종이로 만드는 것처럼 식물에서 추출한 바이오 연료도 더 많이 사용되고 있어요.

한편, 에너지 전환을 위해 사용된 기술들은 환경에 피해를 주기도 해요. 대형 댐 건설로 수력 재생 에너지를 얻을 수는 있으나 그 과정에서 무분별한 삼림 벌채와 시멘트 사용으로 자연환경을 오염시키고, 생물 다양성에 치명적인 피해를 줄 수도 있어요. **태양전지판(태양광 패널)**에 필요한 규소와 구리, **전기차 배터리**를 만들기 위한 코발트와 리튬 모두 땅을 파고, 뚫고, 채굴해야 하는 유해 광물이에요. 말하자면 유해 물질이 발생하지 않는 기술을 좀 더 향상하기 위해 더 많이 노력해야 해요. 에너지를 적게 소비하고, 장비의 수명을 늘리고, 재활용이 가능한 수단을 개발해야 해요. 아직 할 일이 많아요.

그러고도 기존의 산업계를 새롭게 바꿀 수 있는 '와해성 혁신'을 시도해야 해요. 가장 시급한 분야가 바로 **항공 분야**예요. 비행기의 에너지 효율이 예전보다 많이 향상되었으나 항공기 운항 증가율은 그보다 훨씬 높아서 탄소 배출량은 지난 20년간 130%나 증가했어요.

당연히 '친환경 항공기'를 개발할 수 있다면 멋진 일이겠지요. 그러나 아직 그 단계까지 도달한 건 아니에요. 따라서 1. 태양광이나 수소를 동력으로 하는 비행기처럼 **화석 연료를 대체할 수 있는 재생 에너지를 개발해야 하고**, 2. **승객 수백 명**을 실어 나를 수 있어야 하고 (현재 전기 비행기는 한 번에 한두 명밖에 태울 수 없어요.), 3. 이런 프로젝트를 **대규모로 상업화하고** 더 나아가서 현재 운행 중인 비행기 2만 5000대를 대신할 수 있어야 해요.

결국 새로운 기술이 아무리 뛰어나다 해도 그것을 **실행에 옮기려면 많은 시간이 필요하다는 뜻**이에요. 그러려면 적어도 30년은 더 걸릴 거예요. 우리가 지구 온도 상승을 2도 아래로 유지하기를 원한다면 **10년 이내에 이 모든 걸 마무리해야 해요.**

> 기술 개발만을 기다린다고 문제가 해결되지 않아요.
> 지금 바로 행동에 옮겨야 해요.

마법 같은 건 일어나지 않아요!

가짜 뉴스 8

기후 위기는 부자들의 문제야!

지금 내 걱정은 통장에 돈이 한 푼도 없다는 거야.

만년설이 녹고 있어요!

제2의 지구는 없다! 2 NO PLANET

빙하가 녹으면 우리도 위험해요!

실업, 경제 위기, 바이러스, 전쟁 등 당장 우리가 눈앞에 마주하는 문제들이 많다는 건 맞는 말이에요. 그러니 기후 변화 이야기는 여유 있는 부자들만의 문제인 것처럼 보일 수도 있어요.

맞아요. 나랑은 별로 상관없어 보이는데……

폭염 경보: 개인 수영장에 물을 가득 채우지 마시오!

한편으로는 부자들의 문제라는 것도 맞는 말이에요. 따지고 보면, 지구 온난화 문제는 선진국, **즉 부유한 나라들 때문에** 생겼으니까요.

옥스팜 인터내셔널에 따르면 1990년부터 2015년까지, 25년 동안 **전 세계 누적 이산화탄소 배출량의 50% 이상**을 **상위 10%의 선진국**이 배출했다고 해요. 반면, 하위 50%에 속하는 가난한 나라들은 7%만을 배출했어요. **부자 나라일수록 더 많이 소비하고, 당연히 이산화탄소 배출량도 많아요.**

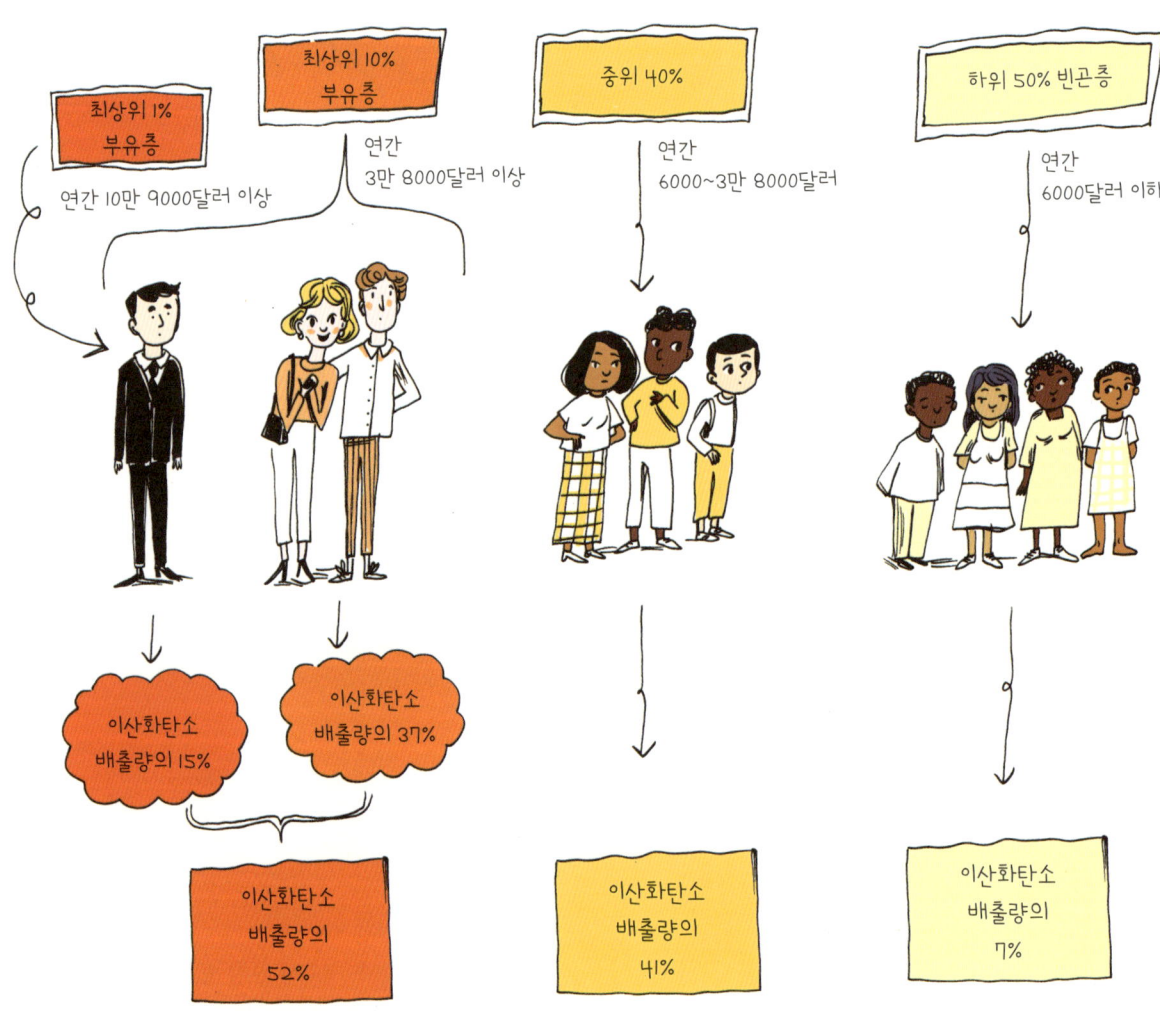

출처: 옥스팜, 「이산화탄소 불평등 보고서」.

위에서 말한 상위 10% 부유층에는 수십억 달러를 보유한 사람들만이 아니라 선진국의 중류층도 포함돼요. 프랑스의 절반 이상(62%)이 여기에 포함되지요. 그런데 정작 피해를 보는 건 대부분 하위의 빈곤층 사람들이에요.

탄소 배출을 가장 적게 하는 나라들이 기후 온난화에 가장 취약하다는 사실은 아무리 생각해도 부당한 일이에요. 한 나라 안에서도 마찬가지예요. 홍수와 가뭄의 피해가 가장 심한 지역에는 가장 가난한 사람들이 살고 있어요.

음, 그렇다면 기후 변화에 대응하기 위한 재원은 어디에서 구할 수 있을까요?

우리는 흔히 생태학적 전환을 말할 때, **목표 지점에 도달하기 위해서 겪어야만 하는 장애와 난관에만** 집중하는 경향이 있어요.

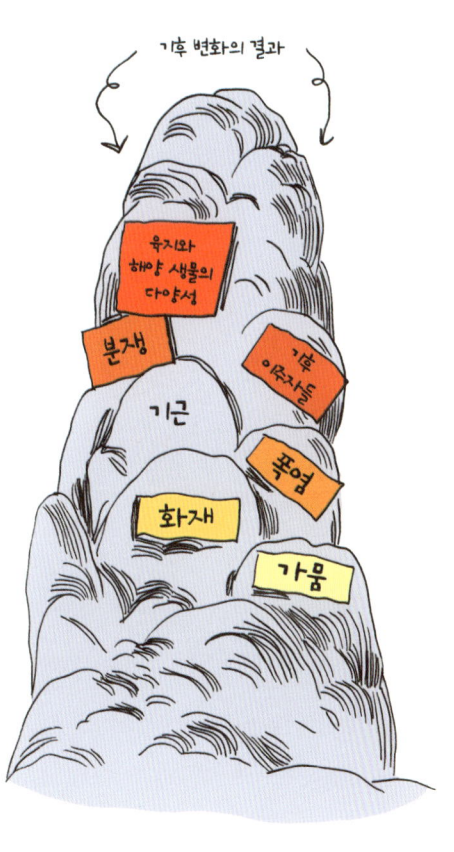

시도조차 하지 않는다면 **더 큰 비용을 부담하게 될 것**이라는 점에 대해서는 아무 말도 하지 않으면서······.

한 가지 분명한 건, 아무 시도도 하지 않으면 나중에 훨씬 더 큰 비용을 치르게 될 거라는 사실이에요.

2006년, 영국의 경제학자인 니콜라스 스턴* 경이 **지구 온난화의 위험성을 경고**한 기후 변화에 대한 보고서를 발간했어요.

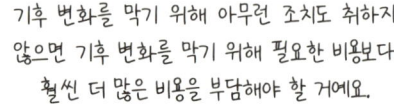

기후 변화를 막기 위해 아무런 조치도 취하지 않으면 기후 변화를 막기 위해 필요한 비용보다 훨씬 더 많은 비용을 부담해야 할 거예요.

* 이 이야기를 좀 더 멋지게 소개하기 위해, 또 그림도 더 멋질 것 같아 니콜라스 스턴 경을 남부바위뛰기펭귄으로 표현했어요

인류는 적절한 비용으로 미래의 재앙을 피할 수 있는 수단들을 갖고 있어요.

기후 변화를 위해 아무런 행동을 하지 않았을 때 들어가는 비용 =해마다 전 세계 부의 5%에서 20%를 지불해야 함

온실가스 배출 안정화 =2006년부터 전 세계 부의 1%

그 이후의 여러 연구 결과도 비슷한 결론에 도달했어요. 때로는 매우 심각한 결론이 나오기도 했는데, 그 이유는 **우리가 행동에 나서기 주저할수록 전체 비용은 더 오를 것이기 때문**이에요.

우리가 가진 돈을 어떻게 사용해야 할지에 관한 문제도 있지요.

오늘날 여전히 **많은 재원**이 **생태학적 전환**보다 화석 연료나 오염이 배출되는 분야에 쓰이고 있어요.

오른손으로는 지구 환경을 지키기 위해 무엇인가 의미 있는 행동을 하면서, 왼손으로는 지구 환경을 파괴하는 부끄러운 일을 한다면 우리의 미래는 결코 밝지 않을 거예요.

기후 변화를 멈추기 위한 곳에 나라의 예산을 사용하는 건 매우 중요해요. 다른 한편으로는 국가 예산 가운데 지구 환경을 파괴하는 재정 지출이 있다면 그것을 멈추게 하는 것 역시 매우 중요하답니다.

좋아요. 그런데 그러한 목표를 달성하기 위한 수단과 방법이 떠오르지 않을 땐 어떻게 해요?

기후 문제를 해결하기 위해 우리가 일상에서 실천할 수 있는 건 얼마든지 있어요. 비용도 그리 많이 들지 않아요. 적게 소비하고, 육류 소비를 줄이고, 짧은 거리는 걷거나 자전거를 이용하고, 플라스틱 쓰레기를 줄이는 것 등 그 종류는 많아요.

그러나 그중 몇몇 행동들은 사회적·경제적 약자에게 더 심각한 피해를 줄 위험이 있어요.
2018년에 탄소세 인상에 반대하는 투쟁을 전개했던 **프랑스의 노란 조끼 시위**가 대표적이에요.

탄소세 도입으로 10% 극빈층이 2.7배 더 큰 타격을 입었어요······.

10% 부유층보다······.

난 상관없어. 평소 신발 한 켤레 사는 돈에 비하면 유류세는 얼마 되지도 않으니까.

시골이나 외곽에 사는 주민의 경우 도시 사람들보다 1.4배 더 타격을 입었어요.

위의 여러 조치로 환경 오염을 줄이고 지구 온난화 위험도 일부 막을 수 있었지만, 결과적으로 **사회적 불평등을 불러일으킨 셈**이 되었어요.

버스 기다리는 게 너무 힘들어.

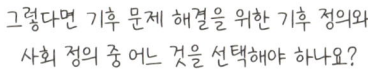

그렇다면 기후 문제 해결을 위한 기후 정의와 사회 정의 중 어느 것을 선택해야 하나요?

꼭 둘 중 어느 하나를 골라야만 하는 선택의 문제는 아니에요. 지구 온난화 등 기후 문제를 해결하기 위해 행동에 나선다는 건 계층 간의 불평등 해소 등 사회 정의의 실현을 위해 싸우는 것과도 같으니까요.

무엇보다 **부의 재분배**를 잘하는 게 가장 중요해요. 여러 국가가 부의 재분배를 위해 나섰는데, **캐나다**의 경우 탄소세로 얻은 세금의 일부를 달마다 저소득층에게 지원하고 있어요.

우리는 재정도 준비되어 있고, 해결책도 마련되어 있어요. 기후 문제도 해결하고 사회적 정의도 실현할 수 있는 선택들이 있지요.

스웨덴은 탄소세는 많이 인상하고, 반면에 중산층이 부담해야 하는 세금들은 내렸어요. **스위스**는 탄소세로 거두어들인 세금 수입의 3분의 2를 기업과 주민들에게 재분배하고, 건강보험료 혜택도 주었어요.

가짜 뉴스 9

우리는 모두 조금씩은 환경보호주의자들이니까, 괜찮아!

나는 오래전부터 쓰레기를 잘 분리하고 있어요.

나는 플라스틱 가방을 사용하지 않아요.

나는 대나무 칫솔을 샀어요.

이 정도면 됐겠지요?

지구 환경 보호를 위한 작은 실천들을 해 나가는 건 매우 의미가 있어요. 그런데 어떤 행동들이 실질적인 효과가 있는지 제대로 파악해야 해요.

대부분은 온실가스 배출과 직접 연관되어 있지 않고, 잘 드러나지 않을 때가 많으니까요.

팀 이야기를 해 볼게요.

어휴······ 왜 또 저예요······.

직접적인 탄소 배출의 예

간접적인 탄소 배출의 예

모든 상품과 행위에 찍힌 탄소 발자국의 무게를 알기 위해서는 눈앞에 보이는 직접적인 탄소 배출량만을 계산하는 것만으로는 부족해요. 간접적으로 배출되는 탄소 배출량이 훨씬 더 많은 상품과 행위들도 있거든요.

그렇다고 탄소 발자국을 줄이는 작은 실천들을 그만두어야 한다는 건 아니에요. 그러나 **각 행동의 탄소 발자국 무게를 제대로 이해하는 게 정말 중요해요.**

영국 학자인 마이크 버너스-리는 그의 책 『바나나, 너는 얼마나 나쁘니?』에서 우리가 어떤 행동을 하고, 무엇을 구입하느냐에 따라 탄소 발자국이 어느 정도 달라질 수 있는지를 보여 주었어요.

우리가 1년간 채식 위주의 식단을 유지했을 때 줄일 수 있는 탄소 발자국의 무게는 **11년 동안 쓰레기를 하나도 버리지 않았을 때 줄일 수 있는 무게와 같다**고 해요.

프랑스인 한 사람이 배출하는 연평균 탄소 발자국 11.5톤을 지속 가능한 수준인 2톤으로 줄이고 싶다면, 최대의 효과를 얻기 위해 어떻게 행동해야 할지 알아봐야 해요.

탄소 중립 4 위원회의 보고서 『자신의 몫을 다하기』에 따르면, 프랑스인 **한 명 한 명이** 기후 변화에 대한 위험을 깨닫고 **작은 실천**을 하고, 그것들이 모이면 그 어떤 다른 행동보다 만족스러운 결과를 낸다고 해요.

채식 위주의 식단이야말로 가장 효과적인 개인의 실천 중 하나예요. 그다음으로 **이동 수단**(카풀, 비행기 이용하지 않기, 친환경 교통수단 이용하기), **재화와 용역의 소비**(옷, 가전제품, 최첨단 기기, 제로 쓰레기) 그리고 **주거**(난방, LED 전구)와 관련된 실천들이 있어요.

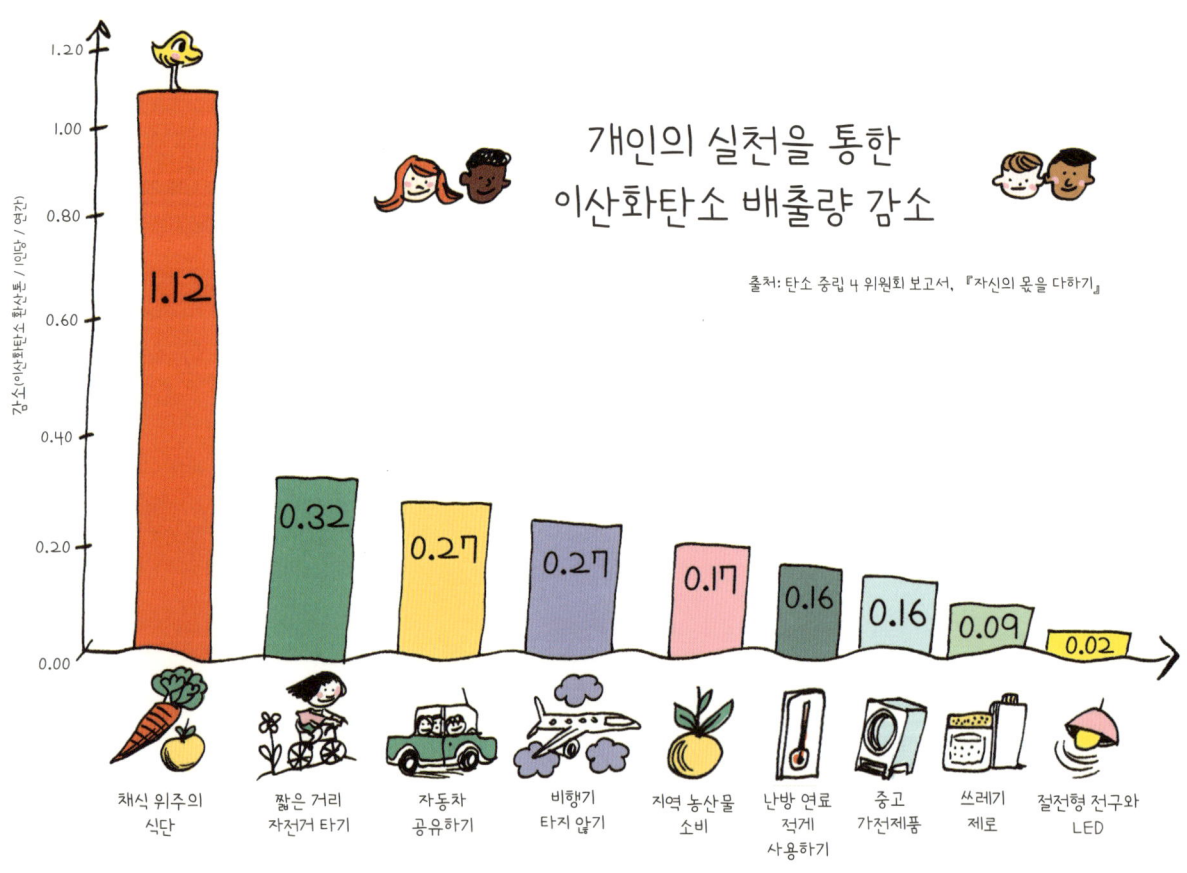

잠깐만요! 위 그래프는 프랑스인 모두가 한 사람도 빠짐없이 실천한다고 가정한 뒤, **개인의 실천들을 모두 더했을 때 나타나는 효과를 표시**한 거예요. '채식 위주의 식단'을 실천한다는 것은 '비행기 타지 않기'보다 이산화탄소 배출량을 훨씬 더 많이 줄일 수 있어요. 고기는 사람들 대부분이 먹지만 비행기는 일부 사람들만 이용하기 때문이에요.

'비행기 타기'는 탄소 배출량이 가장 많은 것 가운데 하나예요. 파리와 뉴욕 간 왕복 비행 한 번은 1인당 1년간 탄소 발자국 목표치인 2톤과 같아요.

식생활

프랑스 국민 1인당 탄소 배출량 가운데 식생활이 사분의 1을 차지해요. 그러나 탄소 배출의 많은 부분은 눈에 드러나지 않기 때문에 정확하게 측정하기 어려워요.

그런데 그 이야기는 그만해도 돼요. 저는 우리 지역에서 생산되는 제철 농산물만 먹거든요.

원산지 표시를 잘 보고 농수산물을 고르는 건 기후 변화와 직접적인 연관이 없어 보여도 아주 중요해요. 그러나 그보다 구입하는 식품에 따라 탄소 발자국이 많이 달라져요.

각 식품의 탄소 발자국을 알아보려면 생산 과정의 전반적인 흐름을 알아야 해요. 이에 대한 연구 논문이 2018년 국제적인 과학 잡지인 《사이언스》에 실렸는데, 식품 각각의 탄소 발자국 무게가 잘 정리되어 있어요. 전문가들은 **생산 과정 전반**을 고려하면서 모든 식품의 온실가스 배출을 **kg** 단위로 분류해 정리했어요.

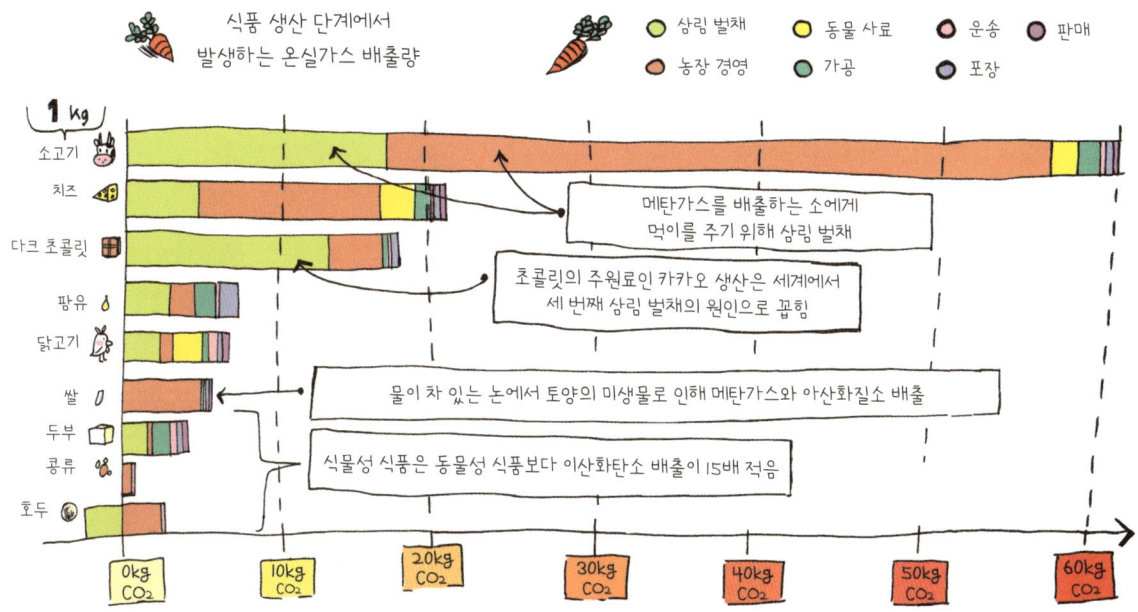

출처: 조지프 푸어·토머스 네메섹, 《사이언스》, 2018.

앞의 도표를 보면 **식품마다 탄소 배출량이 많이 다르다는 걸** 알 수 있어요. 소고기 1kg을 생산하는 데 60kg의 이산화탄소가 배출되어요. 반면, 콩이나 콩과(科) 식물 1kg을 생산하는 데는 이산화탄소 배출량이 1kg에 불과해요.

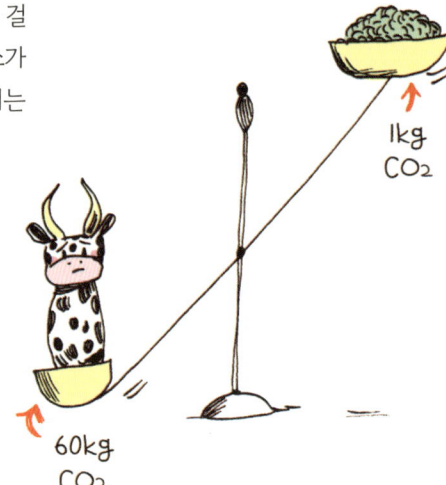

알아 두어야 할 점!

결론적으로 지역 농산물인지 아닌지에 상관없이 탄소 배출량이 가장 많은 식품이 바로 소고기와 돼지고기, 양고기 등 붉은 고기예요.

붉은 고기가 탄소 배출량이 많은 이유는 두 가지예요.

1. **삼림 벌채:** 가축을 기르는 과정에서 때로 무분별한 삼림 파괴가 일어나요. 가축 방목을 위한 대규모 초지를 확보하기 위해서, 또는 소의 먹이인 대두를 생산하기 위해서 아마존 열대우림의 91%가 불태워져요. 유럽에서 소비되는 소먹이용 콩도 이곳에서 생산돼요. 그 밖에도 과도한 초콜릿 생산과 팜유 생산도 열대우림 파괴의 주범이에요. 열대우림이 줄어들면 그만큼 나무들이 흡수하는 이산화탄소의 양도 줄어들고, 동물들의 서식지가 파괴되지요.

2. **농장에서 배출되는 탄소:** 탄소 배출 도표에서 소, 염소, 양 그리고 치즈가 맨 앞에 있는 이유는 이러한 반추 동물의 되새김질로 인해 온실가스인 메탄이 발생하기 때문이에요.

반면, **가공, 운송, 교통, 소매, 포장** 등과 같은 분야에서 배출하는 탄소의 양은 비교적 적어요.

그럼, 우리는 무엇을 할 수 있을까요?

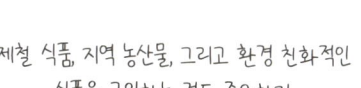

먼저 육류 소비를 줄여야 해요. 특히 소고기를 되도록 적게 먹어야 해요.

고기를 먹는 게 무슨 문제냐고 하는데, 1950년 이후부터 지금까지 육류 소비가 그전보다 두 배나 증가했어요!

제철 식품, 지역 농산물, 그리고 환경 친화적인 식품을 구입하는 것도 중요하지.

단백질과 철분이 많은 붉은 강낭콩, 렌탈콩의 소비를 늘리는 것도 중요해요.

의류 산업

우리는 잘 모르지만, 의류 산업은 석유 다음으로 큰 오염원이에요.

오 세상에, 정말이에요?

의류 산업은 전 세계 이산화탄소 배출의 10%를 차지하는데, 이는 27개 유럽연합 회원국들이 배출한 이산화탄소의 총량과 비슷해요. 그런데 이 수치는 의류 산업으로 인해 발생하는 바닷속 미세 플라스틱은 고려하지 않은 수치예요.

의류 생산 과정 내내 이산화탄소가 배출돼요. 합성 섬유를 생산하는 과정에서 화석 연료가 필요하고, 공장에서 옷과 섬유를 만들 때도 에너지가 소비되는데 이때도 이산화탄소가 발생해요. 그 밖에 세탁을 위해 물과 전기를 사용하거나 헌 옷을 쓰레기로 버릴 때도 마찬가지예요.

알아 두어야 할 점!

탄소 발자국은 대부분 **생산 활동과 관련된 국가 간의 운송 과정**에서 발생해요. 청바지를 예로 들면, 제일 먼저 인도(목화 생산)에서 출발해 파키스탄(방적), 중국(청바지 천 생산과 염색), 튀니지(재단, 지퍼, 단추 달기)를 거쳐 방글라데시(워싱)(워싱이란 염색을 해서 뻣뻣해진 청바지를 특수 용제를 넣은 물에 처리하는 것—옮긴이)에 이르러서야 모든 공정이 끝나요. 그런 뒤에 최종 소비국으로 들어가지요.

> 청바지가 상점에 도착했을 때는 이미 1만 1000리터의 물을 소비하고, 지구 한 바퀴 반을 돈 다음이에요. 청바지의 탄소 발자국은 정말 크다니까요.

우리는 무엇을 할 수 있을까요?

> 옷을 되도록 적게 사요.

> 새 옷보다 헌 옷을 사거나 직접 만들어 입어요.

> 새 옷을 살 땐 지역에서 생산된 옷을 구입해요.

> 동생에게 물려줄 수도 있고요.

> 그리고 더 이상 입지 않는 옷은 단체에 기증해요.

 # 저축과 은행

우리가 잘 모르고 있는데, 금융 분야 역시
이산화탄소 배출이 잘 드러나지 않는 분야예요.

맞아요. 통장에 있는 돈이 은행 금고에서 조용히 잠만 자는 건 아니거든요.
은행은 예금을 받아 산업 활동에 투자하는데, 그 과정에서 막대한 탄소가 배출돼요.

은행에 돈을 넣어 두면 쿨쿨
잠만 잘 거라 생각하지만:

실제로는:

2020년 국제구호개발기구 옥스팜은
프랑스 6대 은행들이 1년간의 투자 활동으로 33억 톤의
이산화탄소를 배출했다고 밝혔어요. 이는 프랑스 전체
이산화탄소 배출량의 8배나 되는 양이에요.

그 이유는 은행이 대부분 주로 화석 연료(석유, 가스, 석탄) 산업에 자금을 투자하기 때문이에요.

알아 두어야 할 점!

우리는 은행에 저축해 놓은 돈이 지구 환경에 피해를 준다는 사실을 모르고 있어요. 예를 들면, 여러분의 계좌에 있는 5천 유로는 연간 2.6톤의 이산화탄소를 배출해요. 은행이 공공임대주택 건설에도 대출을 하지만, 석유 산업에도 투자하기 때문이에요.

우리는 무엇을 할 수 있을까요?

여러분이 거래하는 은행이 환경단체인 '지구의 친구들' 또는 '리클레임 파이낸스' 같은 전 지구적 환경단체가 제시한 가이드에 맞지 않으면 거래 은행을 바꾸는 거예요. 지구의 환경을 위하여 좀 더 책임을 다하는 금융기관을 선택하는 거지요.

에너지 절약 정책을 지원하기 위해 지속 가능한 발전 및 연대 저축 예금(LDDS)에 투자하고, 다양한 단체에 기부하거나 후원할 수도 있어요.

책임을 지는 투자처와 피해야 할 투자처를 잘 파악하고, 시민 프로젝트에 투자해요.

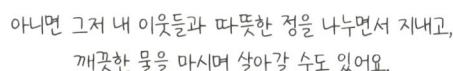

아니면 그저 내 이웃들과 따뜻한 정을 나누면서 지내고, 깨끗한 물을 마시며 살아갈 수도 있어요.

 # 디지털

우리 현대인들은 대부분 시간을 에너지가 많이 소비되는 전자 기기들에 둘러싸여 보내고 있어요.

맞아요……. 저부터 컴퓨터 모니터 앞에서 보내는 시간을 줄여야 할 텐데…….

물론 스마트폰, 텔레비전, 컴퓨터 등은 우리 일상에 필요한 물건들이에요. 그러나 그다지 필요치 않은 디지털 기기들도 점점 많이 사용되고 있어요. 예를 들면, 요리 조리법을 검색할 수 있도록 인터넷이 장착된 냉장고, 운동량을 측정하고 문자 메시지를 읽어 주는 스마트 워치, 수면 사이클을 분석해 주는 기기 등 말이에요.

지난 30년간의 디지털 혁명으로 우리의 일상은 완전히 달라졌어요. 1990년에는 세계 인구의 0.05%만이 인터넷에 접속했는데, 지금은 60%로 늘어났어요. 지금도 **1시간마다 100억 통의 이메일이 오가고, 검색어 입력 수만 해도 1억 8천만 건이 넘어요.** 1시간마다 거의 40억 명이 SNS에 접속하고, 수천만 명이 수시로 영화를 보거나 음악을 듣지요.

짜잔! 자동으로 끈을 매어 주는 운동화!

디지털 산업은 짧은 기간에 매우 빠르게 발전했으나 그 과정에서 많은 에너지와 금속이 사용되었어요. 한 나라로 치면 디지털이 다섯 번째 이산화탄소 배출량을 차지하고 있어요. 전 세계 기준으로는 이산화탄소 배출의 4%에 해당하는데, 이는 프랑스 이산화탄소 배출의 4배나 된다고요.

알아 두어야 할 점!

디지털 기기 사용의 탄소 배출,
두 가지 주요 원인에 대하여 알아보아요.

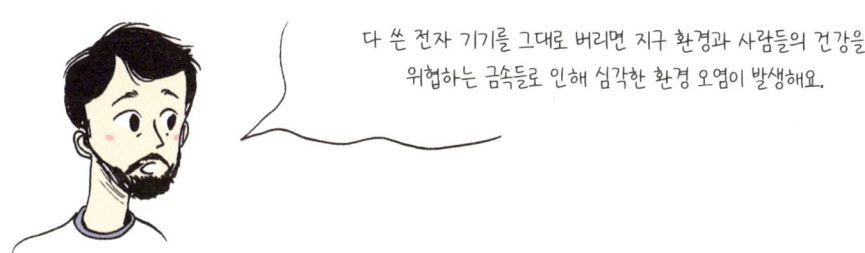

디지털 이산화탄소 배출
데이터 센터와 네트워크 하부 구조 53%
장비 제작 47%

출처: 프랑스 환경에너지관리청(ADEME), 「디지털의 숨겨진 얼굴」, 2021.

디지털 탄소 발자국의 절반은 소비자를 위한 장비 제작 과정에서 발생해요. 스마트폰과 컴퓨터를 생산하려면 70여 개의 자재가 필요한데, 그중 50개가 금속(특히 희귀 금속)으로 만들어져 있어요. 결국 환경을 파괴하며 광물 자원을 채굴해야 이런 금속 재료를 구할 수 있어요. 게다가 상당수의 조립 공장이 아시아에 있는데, 이곳에서는 전기를 생산하기 위해 주로 석탄을 사용하거든요.
끝으로 완성된 제품을 비행기나 배로 전 세계에 운송할 때도 오염이 발생해요.

다 쓴 전자 기기를 그대로 버리면 지구 환경과 사람들의 건강을 위협하는 금속들로 인해 심각한 환경 오염이 발생해요.

디지털 탄소 발자국의 나머지 절반은 디지털 관련 장비들을 사용할 때 발생해요. 인터넷을 사용하려면 공유기, 인터넷 셋톱박스, 해저 케이블도 필요하고, 수많은 이메일을 전송하고 수십억 건의 정보를 저장하는 데이터 센터도 운영해야 해요. 이렇듯 우리는 SNS로 다른 사람들과 가볍게 소통하는 것은 물론 기분을 바꾸기 위해서도 디지털 기기를 사용해요(그들이 세계 에너지의 약 1%를 사용해요). 화상 회의, 사회적 관계망, 전자 상거래, 온라인 TV, 온라인 게임, 위치 확인 등 정보량이 늘면 아울러 탄소 발자국도 늘어나요(해마다 25% 증가).

우리는 무엇을 할 수 있을까요?

너무 많은 걸 다 가지려고 하지 말고 되도록 적게, 그리고 중고로 구입해요.

물품을 살 때 에너지 효율을 따져 보고, 가능하면 고쳐서 사용해요.

안 쓰는 스마트폰은 서랍에 넣어 두지 말고, 재활용해요.

디지털 청소를 해요. 예를 들면, 지난 메일이나 파일은 삭제하거나 정리해요.

결론

우리가 날마다 이동하고, 인터넷을 둘러보고, 장을 보고, 요리할 때마다 기후 변화에 상당한 영향을 미쳐요. 이처럼 우리 일상의 탄소 발자국을 계산하다 보면 아직 할 일이 많다는 걸 깨닫게 될 거예요. 갈 길이 너무 멀어 막막하고 답답할 수 있지요.

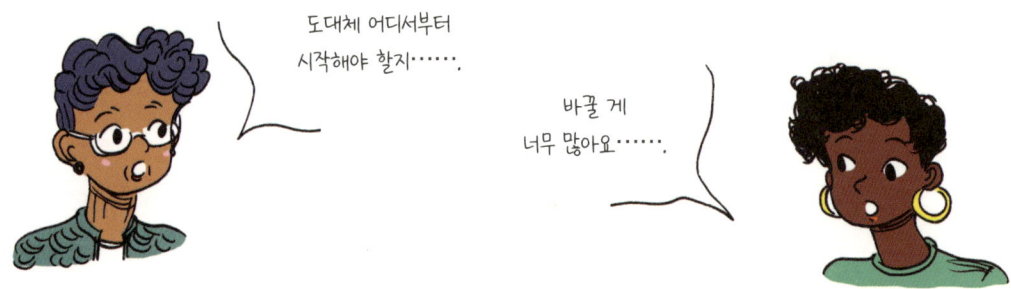

도대체 어디서부터 시작해야 할지······.

바꿀 게 너무 많아요······.

'평균 한 사람'의 탄소 발자국을 산출할 때 대부분의 연구는 총량을 한 나라의 인구수로 나눠 계산해요. **그런데 평균 한 사람이라는 개념은 존재하지 않아요.** 개인마다 그리고 각자가 처한 상황마다 다 다르기 때문이에요. 기후에 영향을 미치는 개인 행동을 이야기할 때도 비행기 이용 횟수, 집의 난방 규모, 자동차나 대중교통 등 이동 수단에 따라 매우 달라져요.

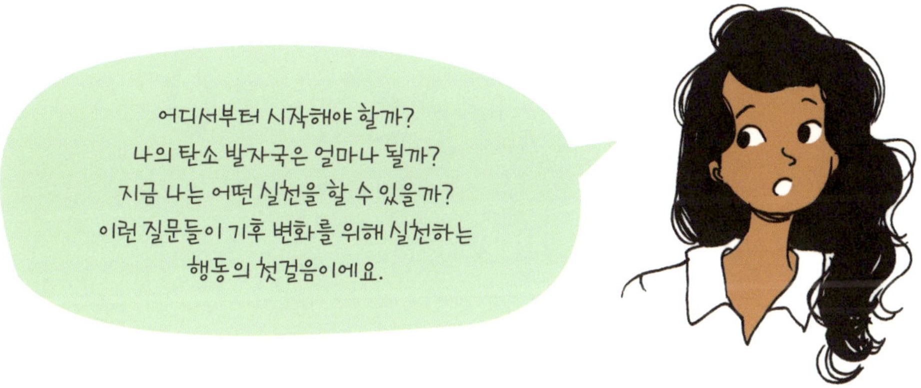

어디서부터 시작해야 할까? 나의 탄소 발자국은 얼마나 될까? 지금 나는 어떤 실천을 할 수 있을까? 이런 질문들이 기후 변화를 위해 실천하는 행동의 첫걸음이에요.

가짜 뉴스 10

선택의 여지 따위는 없어!

우리는 우리 앞에 놓인 시나리오가 두 개밖에 없다고 생각해요. 다른 선택의 여지가 없다고 여기지요.

세상의 종말(개요)

지구 온난화가 심해져요. 기후 변화로 세상은 혼란스러워지고 뒤죽박죽되어 버린 가운데 극소수의 부자들만이 로봇의 호위를 받으며 살아남을 거예요. 브라이언과 제시카는 기후 변화로 난민이 된 수백만 명의 사람들 사이에서 태풍, 산불, 홍수 속에서 살아남으려고 온갖 애를 쓰지만 결국 죽음을 맞이할 거예요.

환경 독재주의(개요)

환경론자들이 권력을 잡아요. 기후 위기에 직면한 나라에서 레일라는 밤에는 촛불로 불을 밝히고, 낱알만 먹고 살아요. 한편 토머스는 환경 범죄의 단속과 처벌에 걸리지 않으려고 비가 오나 눈이 오나 죽도록 자전거 페달을 밟지요. 결국 희생과 체념, 체벌만을 강요하는 일상을 견디다 못해 모두 죽음을 맞이해요.

> 우리는 생태적 전환을 상상할 때 긍정적이고 바람직한 미래를 잘 그리지 못하는 경향이 있어요.

거대한 눈보라나 좀비, 불덩어리가 되어 쏟아지는 운석비, 유성비 등이 등장하는 인류 종말을 다룬 영화나 책에 길들여 살아왔기 때문에 미래의 다른 모습은 잘 상상하지 못해요.

기후 변화의 위험을 알리는 일도 중요하지만, 그와 함께 **미래에 대한 희망을 잃지 않고 인류와 자연이 더불어 살아가는 세상을 꿈꾸는 것도 중요해요.** 공동체의 구성원 모두가 기후 변화에 대응하기 위한 행동에 나선다면 미래에는 새롭고 긍정적인 역사를 만들어 낼 수 있다는 걸 보여 주어야 해요.

전환 도시 운동의 창시자인 **롭 홉킨스 교수***는 위에 언급한 바람직한 생태적 전환을 이론화하는 데 앞장섰어요. 그가 제시한 전환도시는 50여 개 국가의 지역 공동체가 서로 긴밀히 연계하며 주도적 역할을 담당하는 행동계획 프로젝트예요.

* 이 내용을 좀 더 부드럽게 소개하기 위해 롭 홉킨스를 게으름뱅이로 표현했어요.

> 우리는 정부의 조치만을 기다리고 있을 수는 없어요. 또한 개인의 행동에만 의존하면 원하는 결과를 얻기 힘들 수 있어요. 지역 공동체가 모두 힘을 모아 행동에 나서야 당면한 문제를 해결할 수 있지 않을까요?

홉킨스는 기후 변화 문제를 해결하기 위해 아무런 행동을 하지 않는 건 상상의 실패라고 말했어요. 그는 우리에게 친환경적인 세상에서 행복하게 살아가는 삶의 모습을 상상할 수 있도록 도와주었어요.

> 뤼트허르 브레흐만은 다음과 같이 말했어요. "모든 것이 다르게 펼쳐질 새로운 세계를 상상하지 못하는 건 상상의 부재를 보여 줄 뿐, 변화의 불가능을 보여 주는 건 아니다."

> 온실가스 배출량을 절반으로 줄이고, 지구 평균 온도 상승을 1.5도로 제한했을 때, 2030년의 세상이 어떨지 상상해 봐요.

그런 세상이 온다면 그건 우리가 탄소 발자국을 줄이는 데 성공했다는 걸 의미해요. 과거와 다른 더 좋은 환경에서 살게 되었다는 걸 뜻하지요.

자전거로 출퇴근하거나 장을 보아요. 그런데 페달 자전거 대신 전기 자전거를 몰기 때문에 언덕을 오르는 게 어렵지 않아요.

게다가 회사나 학교에 날마다 가지 않아도 되어요. **재택근무나 온라인 수업**이 활성화될 테니까요. 집에 편안하게 머무르면서 수업을 듣거나 일을 할 수 있고, 그렇지 않으면 집 근처의 공유 사무실로 걸어가서 작업하면 되지요. 물론 전보다 작업의 양도 적기 때문에 여가 시간을 공공 프로젝트를 하면서 보낼 수 있어요.

천천히 걸으며 보고 체험하고 머무르는 **슬로(slow) 관광과 여행**을 즐길 수도 있어요. 관광의 목적보다 여행의 과정이 중요하기 때문에 여유롭게 휴가를 보낼 수 있지요. 기차 차창 밖으로 펼쳐지는 풍경을 감상하고, 우리나라와 이웃 나라의 아름다움을 발견할 수 있답니다.

이따금 자동차로 이동해야 할 때에는 같은 아파트에 사는 주민들을 위한 자동차 공유(카셰어링) 서비스를 이용해요. 그러면 도시 내에 차량수가 훨씬 줄어들 테고, 여유 공간이 생긴 **지하 주차장은 농작물 재배 장소로도 활용**할 수 있어요. 특히 버섯처럼 음지에서 자라는 작물을 재배하기 좋아요. 공기의 질도 한결 좋아질 거예요.

주택이나 건물 옥상을 **도시 농업 공간**으로 활용할 수 있어요. 이미 파리는 테라스 양봉을 시도하고 있어요. 감자, 당근, 양배추 등 여러 작물을 화분에 심어 키울 수 있지요.

거리마다 나무들이 푸르게 자라고, 정원도 함께 공유할 수 있어요. **자연이 다시 도시를 찾아올 거예요.** 더위가 몹시 심할 때는 강변을 산책하거나 도시 안에 있는 대공원을 찾아 신선한 공기를 즐길 수 있어요. 밤이면 부엉이 우는 소리를 듣고, 박쥐들이 날아다니는 걸 보게 될 거예요. 생물 다양성이 회복될 테니까요.

창문 단열을 위한 국가 보조금 덕분에 난방비를 절감할 수 있어요. 전기세도 절약하고, 지구 환경 개선에도 도움이 되니 좋은 일이지요. 새로 짓는 주택은 모두 나무, 흙, 짚을 활용했기에 에너지를 절약할 수 있어요. **서로 더 많은 것들을 나누며 잘 살 수 있을 거예요.** 한 사람이 재화와 용역을 모두 소유하는 대신 공동으로 사용할 수 있을 거예요. 주택 단지 내에 아이들을 위한 놀이터를 마련하고, 집수리를 위한 공동 작업실을 운영해 서로 돕고 공존할 수 있을 거예요.

육류를 적게 소비할 테니 **건강도 더 좋아질 거예요.** 기존의 식료품 가게들이 재정비되면서 이제는 지역의 사회적 기업들을 받아들이게 될 거예요.

> 물론 이런 목표를 이루려면 아직 할 일이 많아요. 그러나 새로운 변화를 이끌어 내기 위한 행동계획들이 다 준비되어 있어요.

곳곳에서 이런 변화를 찾아볼 수 있는데, 실제 많은 것들이 움직이기 시작했어요. 사회의 구성원도 서로 다르고, 전 세계가 모두 똑같은 방식으로 살아가야 하는 건 아니에요. 각자 자신에게 맞는 계획을 세우고 실천하면 돼요.

기후 변화에 대응하기 위한 행동들!

- 소비 방식을 바꾸고, 비행기 대신 기차를 타고, 육류를 적게 먹고, 되도록 옷을 적게 사요. 그리고 디지털 발자국을 줄이려고 노력해요.
- 또한 공동체 공유 경제에 참여하고, 이웃 간에 물물 교환을 하고, 재활용품을 구입해요.
- 자급자족 생활을 시도해요. 채소를 심고, 살림 도구나 화장품을 내 손으로 만들어 써요.

잘 선택하고 함께 나눠요!

투표하고 참여해요!

- 기후 변화에 대응하기 위한 행동 프로그램에 참여하거나 스웨덴의 젊은 환경 운동가 그레타 툰베리가 시작한 금요일 기후파업집회에 참여할 수도 있어요.
- 비폭력 행동을 이끄는 시민운동 단체에 가입할 수 있어요.
- 정치를 통해 행동에 나서기를 바라는 사람들은 생태적 전환 프로젝트를 제안하는 후보에게 투표하는 것도 매우 중요해요. 민주주의 사회에서는 스스로 후보로 나서서 지역이나 국가 차원의 프로그램을 제안하고, 시민 참여형 환경보호 운동을 실현할 수도 있지요. 더 나아가 이를 위해 자신의 소중한 한 표를 행사하며, 기상 이변에 대응하는 행동의 중요성에 대해 의원들에게 호소할 수도 있어요.

 기후 변화나 생태적 전환 분야를 직업으로 선택하는 이들도 있어요. 그렇다고 반드시 기후학자가 된다는 의미는 아니에요. 친환경 기술 개발 엔지니어도 필요하고, 기후 문제에 관한 공공 정책에 많은 관심을 가진 고위 공무원도 필요하며, 생산 방식의 향상을 꾀하는 기업 경영인도, 정부와 기업이 기후 변화를 위한 행동에 나서도록 압력을 행사하는 비정부 기구의 책임자도 필요해요. 또한 환경 단체 활동가의 권리를 법적으로 지원하는 변호사, 기후 변화에 소극적으로 대응하는 국가를 상대로 헌법에 환경을 보존하도록 요구하면서 법적 소송까지 벌일 수 있는 변호사도 필요해요.

 회사 내부로부터의 변화를 이끌어 내고, 사람들의 생각을 변화시키고, 실천하도록 노력할 수 있겠지요.

 환경 문제의 범위나 원인, 그리고 결과를 제대로 파악해야 행동에 나설 수 있어요. 타조처럼 모래 속에 머리를 처박고 문제를 회피하고 외면한다면 결코 행동에 나설 수 없을 거예요.

 그 밖에도 서로 다양한 정보들을 공유해야 해요. 서로 토론하고, 강의를 열고, 정보를 알리고, 관심을 갖도록 해야 해요.

 프랑스에서는 학생들이 직접 나서서 대학이나 대학원에 기후나 에너지 전환 관련 강의를 요구하고, 대기업에 입사하기 전에 기업의 환경 정책을 확인하는데, 그 수가 3만 명이 넘어요.

 자신의 금융 자산을 환경 보호를 추진하는 재단에 투자하거나 환경 문제에 관심을 갖는 은행에 계좌를 개설할 수도 있어요.

 동시에 투자 지원이나 크라우드 펀딩을 통해 행동을 지원할 수도 있어요. 기후 협회에 기부 활동을 하거나 세금의 일부를 지원할 수도 있어요.

> 생태적 삶을 즐기는 행복한 미래를 상상해 봐요.
> 적극 참여하고 행동에 나서고 싶어질 거예요.
> 롭 홉킨스의 은유적 표현으로 이 책을 마무리할게요.

❝

    지금 우리는 높은 산의 정상에 올라와 있어요. 우리 앞에는 이전의 인류가 전혀 경험한 적이 없는 놀라운 광경이 펼쳐지고 있어요. 몇 시간 만에 지구의 반대편으로 여행을 떠날 수 있고, 클릭 몇 번만으로 우리가 원하는 모든 것을 실시간으로 살 수 있으며, 기분 전환도 할 수 있어요.

    그러나 과거에 겪어 보지 못한 너무나 많은 이산화탄소, 빚더미, 불평등, 불안, 플라스틱에 갇혀 살고 있어요.

    우리가 발 딛고 있는 이 산을 잘 아는 가이드가 저 멀리 지평선을 손가락으로 가리키며 말해요.

    "저 멀리서 폭풍이 몰려오고 있어요. 당장 이 산에서 내려가야 해요."

　몇몇 이들에게는 이러한 경고만으로도 산에서 내려가도록 하기에 충분해요. 그러나 어떤 이들에게는 충분하지 않아요.

　이들을 설득하려면 저 아래에서 우리를 기다리는 따뜻하고 평화로운 계곡에 대해 말해 주어야 할 거예요. 오랜 산책 뒤에 마주하는 맛있는 식사, 포도주 한 잔, 웃음, 우정, 벽난로의 불빛, 따뜻한 이불이 깔린 푹신한 침대에 대해서 말이에요.

　우리가 그들의 감정과 이성에 호소하며, 행복한 미래를 상상하게 할 수 있다면, 그들은 기꺼이 자기 스스로 계곡으로 내려가는 길을 찾아 나설 거예요.

"

참고문헌

이 책은 윌리엄 F. 램 교수가 작성한 케임브리지 대학의 학술 논문 「기후 변화에 대한 담론」(2020)에서 많은 영감을 얻었다.

1. 지구 온난화, 그런 건 없어!

지구의 평균 온도 상승, 온실가스, 기후 시스템에 대한 정보는 기후 변화에 관한 정부간 협의체(IPCC)의 『제5차 평가 보고서』(2014) 참조.

대기 중 탄소 배출의 변화 추이에 관한 자료는 찰스 킬링(Charles Keeling)의 웹사이트(https://keelingcurve.ucsd.edu.) 참조.

'Ppm'은 농도의 단위로 1백만분의 1이라는 뜻이다. 여기서는 공기분자 1백만 개에 들어 있는 탄소분자 함유량을 나타낸다.

지구에서 일어났던 대멸종에 관해서는 엘리자베스 콜버트(Elizabeth Kolbert)의 『여섯 번째 대멸종: 인간은 어떻게 삶을 파괴하는가』(2015) 참조.

지구 평균 기온의 상승이 자연적인 현상이 아니라 산업 혁명 이후 인간 활동의 결과라는 것을 나타내 주는 그래픽 자료는 기후 변화에 관한 정부간 협의체(IPCC)의 『제6차 평가 보고서』(2021) 참조.

산업 혁명 이후 지구 온난화의 진행 속도(150년을 5초로 환산)는 1만 년 전에 끝난 마지막 빙하기 10만 년을 1시간으로 설정하고 환산한 것이다. 이는 기후 변화에 관한 정부간 협의체(IPCC)의 데이터를 기준으로 해서 이 책의 저자들이 직접 계산한 것이다.

기후 변화에 대한 과학적 합의에 대해서는 나오미 오레스케스(Naomi Oreskes)가 《사이언스(Science)》에 게재한 논문 주제 「기후 변화에 관한 과학적 합의」(2004) 참조.

기후 변화에 관한 정부간 협의체(IPCC)의 『제6차 평가 보고서』, 2021년 8월 6일에 출간된 최근 발표 내용 참조.

2. 2도 오른다고 달라지는 건 없어!

기후 변화에 따른 피해에 대한 자료는 기후 변화에 관한 정부간 협의체(IPCC)의 『특별 보고서 1.5도』(2018) 참조.

지구 온난화가 북극과 남극에 미치는 영향은 유엔환경계획(UNEP)과 기후 변화에 관한 정부간 협의체(IPCC)의 『바다, 빙권 그리고 기후 변화에 관한 특별 보고서』(2019) 참조.

도시에서의 지구 온난화 예측은 프랜시스코 에스트라다(Francisco Estrada), W. J. 바우터 보첸(W. J. Wouter Botzen), 리처드 S. J. 톨(Richard S. J. Tol)의 논문 「기후 변화의 피해를 줄이기 위한 도시 정책의 총괄적인 경제적 평가」(2017) 참조.

3. 2100년에 일어날 일인데 무슨 걱정이람!

기후 모델의 평가에 대한 정보는 장 마크 얀코비치(Jean-Marc Jancovici)의 웹사이트(https://jancovici.com) 참조.
온실가스 배출의 여러 시나리오는 2021년 8월에 발표된 IPCC의 『제6차 평가 보고서』 참조.
「파리기후변화협약」 제4조에 실린 '탄소 중립의 정의' 참조.
기후학자인 코린 르퀘레(Corinne Le Quéré, 킨들기후변화연구센터 소장)가 평가한 지구의 이산화탄소 저장 능력 참조. 탄소 중립 사이트(Global Carbon Project)에서 2019년 온실가스 배출량 참조.
유엔환경계획(UNEP)의 『온실가스 배출량 감축 추이와 예측에 관한 보고서』(2019) 참조.

4. 모두 다, 다른 사람들 탓이야!

전 지구 배출 목록인 EDGAR(Emissions Database for Global Atmospheric Research)에서 나라별 탄소 배출량 참조.
인구별 탄소 배출량도 EDGAR에서 탄소 배출량이 가장 많은 20개 국가를 기준으로 산출한 자료 참조.
누적 탄소 배출량은 과학 온라인 간행물인 'OWID(Our World in Data)'가 산출한 1870~2019년의 총배출량 참조.
프랑스 정부의 자문기구인 기후고등평의회(HCC)가 발표한 프랑스의 탄소 발자국에 대한 보고서 『프랑스의 탄소 발자국을 줄입시다』(2019) 참조.
제21차 유엔 기후변화협약 당사국총회(COP21)에 모인 전 세계 회원국들은 파리기후변화협약을 채택했으나 시리아나 리비아처럼 어려움을 겪던 일부 국가들은 기후 변화에 대한 이행을 약속할 수 없었다. 따라서 기후 변화에 대한 이행 약속은 전 세계 탄소 배출량의 100%가 아니라 97%에 해당한다.
탄소정보공개프로젝트(CDP)의 보고서 『이산화탄소 주요 데이터베이스』(2017)에 따르면 환경 오염도가 가장 큰 100대 기업은 석유, 가스, 석탄 관련 기업체들이다.
탄소 중립 4 위원회의 보고서 『자신의 역할을 다하자』(2019)에서 개인의 탄소 발자국 지우기와 개인과 단체 실천 행동 참조.

5. 북극곰한테는 슬픈 일이지만, 우리 생활이 달라지는 건 없어!

생물종의 멸종 위기와 생물 다양성 감소 위협에 관한 정보는 유엔 생물다양성과학기구(IPBES)의 보고서 『전 세계 생물 다양성 종합평가』(2019) 참조.
세계자연기금(WWF)의 『지구생명보고서』(2019, 2020)에서 '폭염이 포유류의 개체수 감소와 안경여우날박쥐에게 미치는 영향' 참조.
여기서 참새의 등장이 의아해 보일지 모르지만, 오르톨랑은 멧새의 일종으로 참새만 한 크기인데, 프랑스에서 현재 멸종 위기종으로 지정되었다(오르톨랑은 프랑스 요리의 이름이기도 한데, 조리법이 잔인해 지탄의 대상이다-옮긴이). 프랑스 조류보호연맹(LPO)의 조사에 따르면 파리의 경우 13년이라는 짧은 기간에 참새의 73%가 사라졌다고 한다.
그 외에 대멸종에 관해서는 ≪내셔널 지오그래픽≫에서 제시한 자료 참조.
그린피스의 보고서 『콩 중독이 유럽의 기후 위기를 부추긴다』(2019)에서 콩 재배가 삼림 황폐화에 미치는 영향 참조.
웹 사이트 "Fiche d'information du WWF sur les prises accessoires"의 데이터, 그리고 R. W. D. 데이비스(R. W. D. Davis) 등이 ≪머린 폴리시≫에 게재한 「물고기 남획에 관한 정보」(2009) 참조.
플라스틱으로 인한 오염에 관한 내용은 위니 라우(Winnie W. Y. Lau) 등이 ≪사이언스≫에 게재한 「플라스틱 오염 제로를 위한 시나리오 평가 연구」(2020)에서 참조.

침입 외래종과 해양 산성화는 엘리자베스 콜버트의 『제6차 대멸종: 인간이 어떻게 자연을 파괴하는가?』(2015) 참조.

기후 변화로 멸종된 첫 번째 포유류로 기록된 설치류 멜로미스의 멸종에 관한 자료는 GEO(geo.fr)에 실린 논문 「지구 온난화로 인해 사라진 첫 번째 포유류, 멜로미스 루비콜라」(2019. 2. 28) 참조.

인간 활동이 해양 생태계에 미치는 영향에 대한 정보는 기후 변화에 관한 정부간 협의체(IPCC)의 「기후 변화에 있어서 해양과 빙하 대륙에 관한 특별 보고서」(2019)와 미국 해양대기청(NOAA) 참조.

비정부 기구 환경 단체인 지구 생태발자국 네트워크(Global Footprint Network)는 1970년부터 '지구 생태 용량 초과의 날'을 발표하고 있다.

화분 매개 곤충의 중요성에 대해서는 D. 클레인(D. Kleijn) 등의 「유럽의 토지 이용에 따른 생물 다양성의 관계에 대하여」(2009) 참조.

생태계 서비스의 가치에 대해서는 IPBES(생물 다양성 및 생태계 서비스에 관한 정부간 과학-정책 플랫폼)의 보고서 「꽃가루 매개자, 수분과 식량 생산에 대한 평가 보고서」(2016) 참조.

자연 방파제로서의 산호초에 대한 자료는 F. 페라리오(F. Ferrario)의 「해안 위험 감소 및 적응을 위한 산호초의 효과」(2014) 참조.

6. 그래 보았자 아무 소용없어. 있는 그대로 받아들여!

네덜란드의 적응 사례에 대해서는 「네덜란드 강 주변 지역의 홍수 보호 및 환경 조건 개선을 다루기 위한 정부 설계안」(2019) 참조.

이 차트는 홍수 위험 관리 계획에 관한 프랑스의 사례를 바탕으로 작성됨.

기후 변화가 와인 재배에 미치는 영향 및 적응에 대한 상세한 정보는 ≪라크루아(La Croix)≫에 실린 「기후 변화와 보드로 와인」(2018. 7. 4) 참조.

식량 안보에 대한 도표는 기후 변화에 관한 정부간 협의체(IPCC)가 발간한 『특별 보고서 1.5도』(2018) 참조.

7. 기술 혁신이 우리를 구원할 거야!

비행기와 기차의 탄소 배출량 분석은 온라인으로 구매한 항공권 및 기차표 정보에 근거하여 계산됨.

전기 자동차와 SUV(스포츠 유틸리티 차량)의 기후 변화에 대한 영향은 국제 에너지 기구(International Energy Agency)가 발표한 분석자료 「전 세계 전기차 전망」(2020) 참조.

19세기 말에 있었던 전기 자동차와 내연기관차 발명과 개발에 대한 비교는 마티외 아우자노(Matthieu Auzanneau)의 책 『검은 황금, 석유의 대역사』(2015) 참조.

태양 지구공학과 탐보라 화산 폭발에 관한 자료는 엘리자베스 콜버트의 『미래의 자연, 하얀 하늘 아래』(2021) 참조.

태양 지구공학의 위험 요인에 관한 전체 리스트는 앨런 로복(Alan Robock)의 「기후 변화 해결을 위한 성층권의 태양복사 관리 효과와 위험에 관한 논문」(2020) 참조.

국제 항공 교통량 추정은 유럽의회 웹사이트(EuropaParl) 참조.

8. 기후 위기는 부자들의 문제야!

세계 탄소 배출량의 불평등에 관한 내용은 옥스팜이 펴낸 『유럽연합 내에서의 이산화탄소 배출량의 불평등 해소』(2020) 참조.

전 세계 상위 10% 부유층 가운데 프랑스인이 차지하는 비율 산출은 세계은행의 평가를 기준으로 함.

기후 변화 문제를 해결하기 위해 아무런 실천 행동도 하지 않았을 때 감당해야 할 비용에 관한 정보는 니콜러스 스턴(Nicholas Stern)의 『기후 변화의 경제학』(2006), OECD가 발표한 「2030년까지의 OECD 환경 전망」(2008), 이밍웨이 등이 ≪네이처≫에 함께 게재한 「파리 협약 이후 지구 온난화 목표 달성을 위한 자기 보존 전략」(2020) 참조.

화석 에너지와 재생 에너지에 투자한 금액에 대한 산출은 기후협약 재정상임위원회가 발간한 「당사자 회의에 대한 자금 지원 상임 위원회 보고서」(2018) 참조.

탄소세가 취약계층에게 미치는 영향은 오드리 베리(Audrey Berry)가 ≪르몽드≫에 게재한 「노란 조끼, 어떻게 탄소세로 인한 사회적 여파를 줄이고, 합리적으로 부과할 수 있을까」(2018. 11. 16) 참조.

전 세계 탄소세 재분배 사례는 클레망 메티비에(Clément Métivier)와 세바스티앙 포스틱(Sébastien Postic)이 ≪푸엥 클리마(Point Climat)≫에 게재한 논문 「전 세계적으로 탄소 가격 상승은 사용의 문제를 제기한다」(2018) 참조.

9. 우리는 모두 조금씩은 환경보호주의자들이니까, 괜찮아!

이 책에서는 온실가스 배출을 직접적인 배출과 간접적인 배출 두 갈래로 나누었다. 기존의 분류(「교토 의정서」 1·2·3)에서는 교육적인 목적을 고려해 다르게 정리했다. 다시 말해 직접적인 탄소 배출은 국내에서 인간에 의해 직접 배출된 것만을 포함했고(자동차, 난방, 요리 가스, 비행기 등) 간접적인 배출은 그 밖의 부분들을 포함했다(농업, 재정, 전자, 전기 등).

여러 실천 행동들의 탄소 발자국 계산의 예는 마이크 버너스-리(Mike Berners-Lee)의 책 『바나나, 너는 얼마나 나쁘니?: 모든 것의 탄소발자국』(2011)에서 인용.

채식 위주 식단을 1년 동안 지속했을 때나 쓰레기 배출을 11년 동안 전혀 하지 않았을 때 줄일 수 있는 탄소 발자국의 비교는 ≪뉴욕 타임스≫에 실린 베로니카 페니(Veronica Penney)의 기사 「기후 변화를 위해 올바른 선택을 하고 있다고 생각하세요?: 다음의 미니 퀴즈를 풀어 보세요」(2020년 8월 30일 자)에서 인용.

여러 가지 환경보호 실천 행동과 그 효과에 관한 목록은 탄소 중립 4 위원회의 보고서 「각자의 역할 수행」(2019) 참조.

프랑스 국민이 비행기를 이용한 횟수는 스테이티스타(Statista) 웹사이트(2015) 참조.

프랑스 국민 1인당 탄소 배출량에서 식생활이 차지하는 부분은 ADEME(프랑스 환경에너지 관리청)이 발표한 「프랑스의 에너지 및 탄소 발자국」(2019)에서 인용.

식품의 온실가스 배출 도표는 40여 종의 농작물을 생산하는 119개 나라의 3만 8000개 농장을 대상으로 실시한 연구 결과 인용. 전체 도표는 ≪사이언스≫에 실린 「생산자와 소비자를 통한 식품의 환경적 영향 감소」(2018) 참조.

가축 사료로 사용되는 콩에 관한 자료는 ≪르몽드≫ 기사 「왜 육류는 지구에 해로울까?」(2018년 12월 11일 자)에서 인용.

의류 생산 과정에서 환경 오염을 나타내는 도표는 맥아더재단에서 인용.

청바지의 환경 오염에 관한 자료는 자미 구르모(Jamy Gourmaud)가 방송 〈천연 자연(Brut Nature)〉에서 설명한 "자미의 청바지 생산 과정 따라가기"(2019) 참조.

프랑스 은행들의 화석 에너지 산업 투자에 관한 내용은 비정부 기구 옥스팜이 분석한 보고서 『지구의 친구들: 제4차 기후협약』(2020) 참조.

지구 환경을 파괴하는 산업에 투자하는 금융기관에 관한 내용은 글로벌 환경단체 리클레임 파이낸스가 발표한 「저축: 사회 혼란 및 기후 위기를 가속화하는 우리의 저축」(2020)에서 참조. 이 단체는 지구 환경 보호를 위하여 좀 더 책임을 다하는 금융기관의 선택에 관한 가이드를 제공한다.

디지털 혁명에 관한 통계들은 스테이티스타(Statista) 통계 웹사이트에서 인용.

디지털 탄소 배출의 점유 비율에 관한 도표는 프랑스 환경에너지관리청(ADEME)이 발간한 『디지털의 숨겨진 얼굴』(2021)에서 인용.

데이터 센터의 에너지 소비에 관한 부분은 국제에너지기구의 발표 참조.

10. 선택의 여지 따위는 없어!

바람직한 생태적 세계를 만들기 위한 상상력의 힘에 대한 담론은 주로 롭 홉킨스(Rob Hopkins)의 책 『만약에…… 우리가 원하는 미래를 위해 상상력을 마음껏 발휘한다면?』(2020) 참조.

새로운 변화를 이끌어 내기 위한 생활양식에 대한 예는 엘리엇 에지 위원회(Elioth Egis Conseil)의 『탄소 중립 2050을 위해 새로운 시대로 나아가는 파리』(2016) 참조.

그린피스(Greenpeace), 멸종반란(EXtinction Rebellion), 비폭력운동 COP21, 알테르나티바(Alternatiba) 등 시민 불복종 운동을 주장하는 환경 운동 단체들이 언급되었다.

또한 세계자연기금(WWF), 옥스팜, 케어(Care), 지구의 친구들, 글로벌 환경단체 리클레임 파이낸스(Reclaim Finance) 등 여러 단체 덕분에 기후 변화 문제 해결을 위한 시민 참여가 가능해졌으며 이런 단체는 그 밖에도 많다.

일을 통해 자기만의 방식으로 기여하고, 기업을 안으로부터 변화시키는 게 중요하다는 사실에 대해 학생들은 「생태적 회복을 위한 학생 선언」(2018)에서 호소했고, 27개의 근로자협의회에 서명한 단체들은 ≪레제코(Les Échos)≫의 「기후, 사회 위기, 전환……」(2020)에서 주장했다.

감사하는 말

이 책을 만드는 데 도움을 주신 분들에게 감사드립니다.

친절하고 헌신적인 오드 사라쟁 편집장에게 감사의 인사를 전합니다. 그는 처음부터 끝까지 열정을 다해 작업해 주었으며, 이 책을 통해 생태적 전환에 조금이라도 기여하고자 하는 우리들의 끊임없는 요청을 기꺼이 받아 주고 지지해 주었습니다.

사람들이 기후 문제에 관심을 기울이기를 간절히 바라는 마음으로 기꺼이 서문을 써 준 카미유 에티엔에게도 감사의 인사를 전합니다.

우리가 올바른 방향으로 나아갈 수 있도록 성의를 다해 꼼꼼하게 읽어 주고 조언해 준 톰 레베크와 제이드 르페브르에게 감사의 말을 전합니다. 그리고 기후 문제를 함께 고민하는 동료인 알릭스 마주니, 에스텔 메르시에, 다미앵 나비제와 크리스토프 뷔페에게도 고마움을 전합니다. 그들의 전문적인 지식 덕분에 참고문헌과 삽화들을 섬세하게 살필 수 있었습니다.

이 책의 갈피마다 배어 있는 발레리 마송-델모트, 엘리자베스 콜버트, 롭 홉킨스 등 기후학자, 경제학자, 생물학자, 환경 운동가 한 분 한 분, 그리고 과학 기구, 기술 단체, 환경 단체에 몸담고 있는 모든 분들에게 감사드립니다. 기후와 생물 다양성에 관한 과학 기술을 풍부하게 발전시켜, 해당 분야의 담당자들에게 정책을 제안하고, 더 나은 세계로 시민들을 이끌어 가는 그들의 능력이야말로 모든 영감과 희망의 원천입니다.

개인적으로 고마운 마음을 전하고 싶은 이들도 있습니다.

로빈에게 고마움을 전하고 싶어요. 기후 변화 문제에 맞서 싸우는 그의 신념과 투쟁은 내게는 언제나 감탄과 동경을 불러일으켰으며 더불어 이 책을 써야겠다는 결심을 하게 해 주었지요. 또 1년이 넘도록 함께 웃고 토론하며 많은 것을 나누어 온 샤를로트-플뢰르와 모레앙에게도 고맙다고 말하고 싶어요. 그들이 내 곁에 없었다면 이 책을 쓸 상상조차 못 했을 거예요.

—미리앙

변함없이 나를 지지해 준 아르노, 나의 지구가 둥글게 돌아갈 수 있도록 해 준 사랑하는 나의 딸 로즈, 그리고 언제나 사랑으로 나를 감싸 준 우리 가족 모두에게 고맙다는 말을 전하고 싶습니다. 함께 이 멋진 책을 만들어 보자고 제안해 준 미리앙, 그리고 그의 삽화를 바라보는 것만으로도 어릴 적 동심이 되살아나는 즐거움을 선사해 준 모레앙에게 고마움을 전하고 싶어요.

—샤를로트-플뢰르

세바스찬과의 만남은 나의 세계관과 내가 세상을 생각하고 관찰하는 방식에 큰 영향을 미친 사건이었지요. 그에게 고마움을 전하고 싶어요. 그가 일상에서 보여 준 헌신, 그의 비범함, 그리고 그를 움직이는 호기심이 하루하루를 슬픔 속에서 지낼 수밖에 없었던 지난 한 해를 내 인생에서 가장 아름답고 밝은 해로 바꾸어 놓았으니까요. 세상을 바라보는 나의 눈이 새롭게 열린 이후로 나를 끊임없이 지지해 준 가족 모두를 위해! 가족과 함께 떠난 이탈리아 여행에서 나는 산과 호수, 그리고 숨이 막힐 만큼 아름다운 풍경들을 마주했습니다. 가족들이 내게 선물해 준 회복력이 뛰어난 강하고 야생적인 자연을 알지 못했다면 지금처럼 생기 가득하게 앞으로 나가지 못했을 거예요. 그리고 미리앙과 샤를로트-플뢰르에게도 감사의 인사를 하고 싶어요. 그들이 없었다면 이 책은 세상에 나오지 못했을 거예요. 어제 우리는 기후 문제를 놓고 함께 고민하고 함께 행동하며 하나가 되었고, 오늘 우리는 아름다운 이 책을 통하여 하나가 되었어요.

—모레앙

지은이 소개

인생은 너무 짧기에, 우리 셋은 두 세계에서 일하며 살고 있어요.

지은이_미리앙 다망(Myriam Dahman)

프랑스 개발기구(AFD)에서 기후 변화 전문가로 일하는 한편, 아동문학 작가로도 활동하고 있어요. 프랑스와 영국에서 어린이를 위한 책을 여러 권 썼으며, 『늑대의 비밀(Le Talisman du Loup)』은 영국의 포일스 서점이 선정하는 2020년 올해의 어린이 도서상을 수상했어요.

지은이_샤를로트-플뢰르 크리스토파리(Charlotte-Fleur Cristofari)

10년 전부터 기후 변화 전문가로 활동하면서 그린피스, 유엔기후변화협약 당사국총회(COP21), 파리 시청, 남태평양의 섬나라 바누아투 공화국의 기후변화부 등 다양한 단체와 정부 기구에서 일했어요. 최근에는 소르본 대학과 시앙스포(파리 정치대학)에서 정치학을 가르치는 한편, 프랑스 개발기구(AFD)에서도 활동하고 있어요.

삽화_모레앙 푸아뇨네(Maurèen Poignonec)

청소년 도서, 그림책, 그리고 소설 등에 그림을 그리는 일러스트 작가로 활동하고 있어요. 동시에 생태적 전환 운동을 이끄는 환경단체 '알테르나티바(Alternatiba)'에서 활발하게 활동하고 있어요. 알테르나티바는 시민불복종 운동과 지속가능한 세상을 위한 대안 프로젝트를 서로 연계하는 단체예요.

기후 변화라는 주제는 매우 복잡하고, 알게 되면 때때로 불안감이 드는 주제이긴 하지만, 다른 한편으로는 흥미로운 주제이기도 해요. 우리는 독자 여러분이 기후 문제를 잘 이해하고 더 나아가 실천 행동에 나서는 걸 돕기 위해 읽기 쉬우면서도 교육적이고, 흠잡을 데 없는 그런 책을 만들고 싶었어요.

서문_카미유 에티엔(Camille Étienne)

기후 정의와 사회 정의를 위해 싸우는 환경운동가예요. 그는 팡세 소바주(Pensee sauvage)('야생의 사고'라는 뜻인데, 단체 이름은 나중에 '폭풍전야'로 바뀜-옮긴이) 단체 설립자이며, '옹네프레(On est Pret)('우리 준비됐어'라는 뜻으로, SNS를 중심으로 활동하는 환경운동 단체-옮긴이)의 대변인으로 활동하고 있어요. 2021년 여름, 그는 지구 온난화가 빙하에 어떤 영향을 미치는지 알아보기 위해 유럽에서 가장 거대한 빙하가 있는 아이슬란드로 가서 빙하 전문가, 생물학자, 기후학자 등 다양한 과학자들과 인터뷰를 하고, 그 내용을 담은 다큐멘터리 제작을 시작했어요.

옮긴이_정미애

이화여자대학교에서 프랑스어를 공부했고, 벨기에 루뱅 대학교에서 불문학 석사, 한국외국어대학교 통번역대학원 한불과에서 통번역 석사 학위를 받았다. 지금은 청평 호명산 아랫마을에서 프랑스 책을 우리말로 옮기는 일을 하고 있고, 틈틈이 정원과 텃밭에 나가 꽃과 채소를 가꾸며 살고 있다. 지난 20여 년간 다양한 소설과 어린이 책, 그리고 폭넓은 교양서적들을 번역했다. 그중 어린이 책으로는 『요술쟁이 젤리 할머니』, 『알록달록 공화국』, 『어느 날 내게 붉은 노트가』, 『나만의 비밀 친구』, 『로라에게 생긴 일』, 『난민들』 등이 있다.

기후 변화를 둘러싼 가짜 뉴스 10가지

1판 1쇄 인쇄 2023년 7월 25일
1판 1쇄 발행 2023년 7월 30일

지은이 미리앙 다망, 샤를로트-플뢰르 크리스토파리
삽화 모레앙 푸아뇨네   옮긴이 정미애
펴낸이 조추자   펴낸곳 두레아이들   등록 2002년 4월 26일 제10-2365호
주소 (04075)서울시 마포구 독막로 100 세방글로벌시티 603호
전화 02)702-2119(영업), 703-8781(편집), 02)715-9420(팩스)
이메일 dourei@chol.com   블로그 blog.naver.com/dourei   인스타그램 blog.naver.com/dourei_kids

• 책값은 뒤표지에 적혀 있습니다. 잘못 만들어진 책은 구입하신 곳에서 바꾸어 드립니다.

ISBN 979-11-91007-32-9 73300